立志把生活過成喜歡的樣子

Enjoy
My Life

謝 雪 文

(雪兒 Cher)

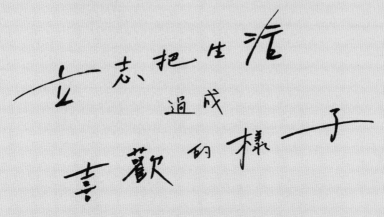

勇氣會被傳染，喜歡也是

什麼樣的日子，才是自己喜歡的模樣？結婚生子幸福圓滿？工作穩定買房買車？二十歲想要得不到，三十歲得到不想要。好像所有的喜歡都等同荷包的重量，彷彿擁有了可愛的錢後，未來日子才會展現前途光明。

很多喜歡，是錢買不到的，很多煩惱，是隨欲望增長的，

很多目標，是勇氣決定的，大半日子，你要跟自己過的。

曾經有讀者告訴我：未來的目標就是活成像你這樣，自由自在，想去哪就去哪，想愛就愛，想恨就恨，賺可以生活旅行的錢，走嚮往的未來旅途。

過去聽完，莫名惶恐，心想是否誤了別人的一生？

的確三十幾歲的我過得任性，家不要，工作不要，好日子不要，獨自在世界漂流，只想完成內心渴望的拼圖，但不是每個人都有同樣的背景、相同的理由，需要被救贖的靈魂。

後來，好幾年後，那群被我慫恿出走的人回來了，大半告訴我：「謝謝你推了我人生最大一把。即使遠行的夢想，並沒有出發前想像中美好，但至少我勇敢去做了。」才明白，勇氣是會被傳染的，喜歡也是。

當我微笑地站在世界的角落，另外一個角落的人也一定能感受得到。當我繼續往喜歡的路途邁進，自然就會散發強大的光芒，需要的人，會知道，這是一個符號、一個箭頭、一種信仰，你跟隨的人不是我，而是你的心，而我只是比你早走半哩路，在前方的我會跟你揮揮手，點頭，繼續走，彷彿說，沒什麼好怕！無須擔心，全世界都往右走，左邊的方向還有我。

這是一本簡單的生活散文，寫單身女子四十歲後的人生嚮往，認真執行斷捨離，不被過去所綑綁，不對未來產生憂慮。

人際關係中學會課題分離，分清楚別人的事和我的事，區分什麼是你的課題，什麼是我的課題，當不被他人情緒所綑綁，離自由之路就會近一點。

相信人生是一場漫長的旅程，跌跌撞撞都是正常，過去感情失敗，求職不順，整日想死，半死不活，時間終會掩蓋一切。如今，想耗盡所有的時光，專注眼前逐漸年華老去的自己，不責罵、不糾結、不對號入座，只走自己想走的路。

「相信自己是先決條件，解決問題才是其次。」非常期待這本書能溫暖在人生方向迷失的人兒。

印度 班公措湖 India Bangongcuo Lake

Contents

Contents

Chapter 1

坦然面對自我
過去 現在

克羅埃西亞 杜布羅夫尼克 Croatia Dubrovnik

無論幾歲，我都在通往機場的那條路上

二十歲通往三十歲這條路上，我曾懷抱著期待跟喜悅，有人說過「初生之犢不畏虎」，而當時的我的確過於自負，以為熱忱跟努力就可撼動世界，成為未來傳奇故事裡的角色。

直到，輾轉聽到當時的老闆對我的評價是「很有熱情，仍須磨練」，內心憤恨不平一陣子，我投注事業百分之百，即使只是活動企劃，日日熬夜整理資料，回到家仍奮力不懈，無論各種數據都比之前的、其他組員的好太多，夙夜匪懈的代價仍不敵資深會拍馬屁的主管。

越想，憤怒就像顆加速發芽種子，日日夜夜環繞著大腦，從醒來那一刻，上班打卡那一刻，跟同事聚餐那一刻，無時無刻在想著：「我做的不差，所以過得也不能比別人差。」

一旦誰升職、加薪，我卻沒有，就會想躲在廁所裡嚎啕大哭，連當我升職時，都認爲跟預期的差很多，只是我不知該怎麼談判，也害怕談判後失去眼前努力的一切。明明初入職場才幾年，老擔心辛苦打拚的日子變成泡影。

二十多歲的我，常不時翻公司的薪轉存摺簿，看到薪水三萬二進帳，腦中打量著下週可以去專櫃買一組保養品，照鏡子總覺得眼角細紋特別明顯，治裝費也有著落，當然要約好姊妹去新開的餐廳聚餐、看場電影，聊聊某個人的婚禮我們要準備什麼賀禮。

一切，都毀在三十歲前那個旦夕，我問他：「你打算幾時娶我？見我父母？」這問題他迴避很久，身邊朋友都在爲我著急，閨密私下說：「他會不會沒有要對你負責？」我好怕感情會像工作一樣，是不是只有我付出了熱情，而在別人眼裡，我的價值也只剩熱情。

我很會加班，沒有加班費，還是會加班。

我很會等待，等男友下班，等他來找我。

突然有天，我意識到自己過得很悲慘，曾經剛畢業意氣風發的女孩去哪了？曾經誓言想要改變世界的女孩在哪裡？如今的我，失敗得像個蠢蛋。

三十歲，通往機場的那條路上，帶著三十公斤裝的行李箱，此時我不是旅行，而是需要一個理由，逃離各種束縛在身上的枷鎖，那個在原地一直得不到、要不到、無能爲力的自己。

三十歲通往四十歲的路上，旅途中學會減法人生，學著當一個背包客，用七公斤裝的後背包環遊世界，用不同的角度看待感情關係，有過短暫如火花的戀愛，也有過失之交臂的緣分，旅途中我愛自己，更勝愛別人，就算世界只剩下一個人，我也有獨自活下去的勇氣。

四十歲後，我仍然嚮往通往機場的那條路上，無論是揹著背包，還是拉住行李箱，無論是一個人，還是帶著一群人，無論眼前的目的地是又去過，還是沒去過。

世界，這麼大，我，只有一個，

不必去比較誰過得比較好，

只要在乎自己能走多遠的路。

▲波士尼亞與赫塞哥維納 莫斯塔爾 Bosnia and Herzegovina Mostar

▼斯里蘭卡 高山火車 Sri lanka alpine train

爸爸常對我說，

這個世界是你的，不要顧慮誰，

哪天你累了，永遠有一個家可以回。

機場廣播：「最後登機起飛，D349 航班在 D4 登機門已經可以開始登機。」我手拿著護照跟機票，嘴角微微一抹微笑，日子不往後看，往前走才能給生命眞實的精采。

人生泥沼中學會慢動作，不是急著掙脫

○○：「過了令人沮喪的一年，好怕人生陷入困境，該如何是好？」

我：「過日子，好聽是過一年，難聽就是過一天，不逼自己逞強，才能自然變好。」

曾經，我也無比擔憂眼前生活就一直暗無天日下去，日復一日活著像喪屍，醒來上班工作，下班盲目追劇買東西，整日混聊時下新聞話題，彷彿戴著面具硬撐尬聊，很怕十年後腦袋仍沒有任何長進。

活著越心急越是會胡亂投醫，曾報名各式網路課程，購一堆亂七八糟的投資書，想著不能輸就必須砸錢投資自己。最終沒一樣做好，十堂課程只上了一堂、書本翻了幾頁畫重點，又恢復過往一攤死水的狀態，直到徹底離開的決定，生命才出現一絲曙光。

不過，誰也不能保證將來會變成怎樣，二〇二〇年全球發生了新冠疫情，各國邊境封鎖並禁制旅遊，許多旅人紛紛歸來，隨著不同病毒株不停的變異，彷彿宣告短時間飛行難以恢復，於是我也只好做回資深中年廢物。

朋友曾問我：爲什麼不找份工作？

我說：網紅的熱度還夠，荷包的寬度夠用，**既然現實沒有被苛求，爲何我要苛求自己？**

約旦 佩特拉 Jordan Petra

「認清現實」是對自己最大的寬容，也是不再憂鬱糾結的解方

與其擔憂接下來能否過得精采，不如做當下最好的安排。疫情期間大概是我此生活著最安逸的時光，不用東奔西走，不用四處忙活，沒有同事、沒有老闆，待在父母家裡吃飽、睡飽，兩老身體健康，身邊的人也善良可愛，實在不懂為什麼非要出外找罪受。

即使如此，不代表兩年間沒工作，偶爾日子也會快轉，演講、寫書、賣書、業配工作忙起來時常三餐都顧不了，而閒下來的時間，太陽日上三竿也叫不起我。如果隔天沒有工作就會睡到自然醒，如果一個禮拜都沒事，就會過上「廢物一週」的生活，連我媽都放棄叫醒我。

比起三十歲時的焦慮，四十歲後淡定許多，畢竟已經選擇割捨了不要的。在家當米蟲、在外演講分享、一個人吃飽全家飽。我笑說這年紀單身，不養父母，不養子女、不養寵物、不養植物、不養男人，養自己的錢真的不需要很多，偶爾旅行、買書、喝咖啡，沒什麼過多的物欲，衣服就那幾套，夠穿就好，一個月幾次和朋友聚餐，也

就這樣而已。

當廢材並不是我的願望，是明白人生歷程都會有困境，**深陷泥濘中打轉就是要慢動作，才能優雅從泥沼地獄中脫身**，用不同的心態去面對逆境，也可以活出另外一番順境的風景。

也常提醒自己，相信哪天真的出發啓程時，日子會快轉到連老天爺也嚇到！

不要再叫彼此努力撐下去，好嗎？

○○：「這些年過得渾渾噩噩，過多的失望，讓人失去了希望，身旁無數善意的建議，但似乎自己好像再怎麼努力，日子都不會變好起來。」

我：「那就不要努力啊！」

努力如果都有用，誰還需要去報考補習班呢？相信風水跟水逆？

所謂的努力到底是爲了別人？還是自己？

紐西蘭 蒂卡波湖 New Zealand Lake Tekapo

我二十八歲當小主管，扛百萬業績，三十歲就差一階當部門經理，身邊同事年資皆二十年起跳，還記得多年前離職前夕，同事都勸我不要衝動，周遭朋友則建議騎驢找馬，不要放棄多年產業資歷、穩定年薪、還有半個月的年假？萬一離開後回不來怎麼辦？

但是我好厭倦不管怎麼努力永遠都停留在原地，厭倦睜一隻眼閉一隻眼配合衆人演一齣爛戲，知道我不是爛演員，卻已砸壞人生這劇本。只要一想到又再做同樣浪費生命的事，就讓人頭皮發麻到精神緊張，很多鳥事不是沒忍過，就怕再忍下去連改變的勇氣都沒有。

離職的勇氣靠的是不甘心，不願二十年後人生劇本就此定型，活著最怕執著，放不開、走不了、看不見遠方，至少願意嘗試改變，而不是放棄。**相信人生就是一場戲，年輕會執著些，年長就該學著想開些，生命裡的每一個挫折都是成長的點滴**，即使大多讓人覺得疲憊不堪。

離職後自由接案所賺的錢，我都準備投入下一趟旅費，生活開銷往往捉襟見肘，好幾次聚會都是朋友請客，他們說：「你忙著花錢，又沒賺錢，這點小錢我們來應付就好。」

頭幾次我感到可悲，活到三十幾歲還要友人接濟，後來也釋然，在意別人的眼光才是多年來工作撐不下去的原因，獨自旅行時你也沒在意誰，一瓶酒、一個背包、一塊麵包，活得也很快樂，倘若覺得不安，我會說：「下次換我請。」

努力是需要成就來回饋，倘若把期待都放在他人身上，沒得到適當的反饋當然會失望，請把目標放回自己身上，得失心才不會太重，倘若你把一生都記掛在他人想要的模樣，怎麼會活得出色跟自得其樂。

友人曾問：你家人不管你嗎？

我回說：沒殺人放火，沒作姦犯科，又何必列家人的期待在身上呢？

父母不是不講話，只是放棄了，反正回家有一張床，一雙筷子，想吃就吃，想走就走，也不想攔你。至於旅費，請自己想辦法，去辦講座、去寫稿、去代購，還有十幾年當上班族賺下的存款，到底也沒礙到誰。

懂我的人明白我在實踐自己想要的生活模式，不熟的人只認爲你在浪費生命荒唐人生。爲何要跟不熟的人解釋你的努力呢？

請不要再努力裝成別人喜歡的樣子！

請不要再努力成爲哪個團隊不可缺少的一分子！

請不要再努力討好任何奇怪的人！

不要再跟別人說「一起努力撐下去」，撐下去不會好，只會一起掉入深淵裡。努力在自己想要的人事物上，接續日子才會過得閃閃發光，即使最終只剩下你一個人。

斯洛伐克 布拉提斯拉瓦 Slovakia Bratislava

職場中，沒有人一開始就學會好好彎腰

○○：「你是不喜歡之前的工作才離職嗎？」

我：「進入職場喜歡不喜歡並不重要。需要適應環境，不是環境適應你。大多的不適應跟焦躁是正常的。」

成爲一名自由撰稿人前，我是一名朝九晚五的社畜，畢業後就投身各種自以爲是天地的方舟中，不管是五個人的辦公室，還是五十個人的公司，整日都上演勾心鬥角與帝王權謀之術。

還記得剛接資訊助理時，每次要修網站 BUG 總是要三催四請工程師大爺們，老是被工程師嫌棄說：「不懂不要裝懂，寫程式你會嗎？」於是下班後跑去書店買了一系列的 C++、PHP、ASP、CSS 的書，一翻書後就想投降，但又不得不低聲下氣！

好幾次吃了閉門羹後，我收起了脾氣，買了啤酒跟鹽酥雞放在工程師的桌上，我說：「你們吃吧！我在旁邊看著學。」工程師們邊吃邊改，我就拿著小冊子邊抄記著哪裡有問題，逐漸連 SQL 跟代碼都看懂了。

還記得剛接資訊業務時，大多同事都不看好菜鳥我能拿下公家的案子，風涼話說：「你又沒接過標案，看得懂招標書嗎？知道要提供什麼嗎？」於是第一次投標案就被退了無數次。缺蓋章、缺建議書、缺計畫表、缺預算書、缺營業登記書，缺到連窗口都認識我，好心把缺的東西都列給我，直到最後我還是沒拿下標案。

整日熬夜研究如何投標，或許是寫不好，重寫了好幾次，到處跟認識的前輩請益，修修補補又改改，總算最後拿下了幾萬元的小案子，從這個案子開始一個又一個，到數十萬、數百萬，合作到窗口拍胸脯跟我說：「下次部門案子一定先找你。」

還記得剛接管理職時，整天被一堆報表弄到煩心，專案是一張表，財務是一張表，業務是一張表，問題處理單是一張表，整天就被這些報表追殺著，每次開會就被老闆問業績，主管只會問結果，很少看見背後你努力了什麼。

不喜歡寫程式看代碼，不喜歡投標寫企劃書、不喜歡當小主管扛責任，**不喜歡不**

代表我就不去做，職場的歷練就是把不會的學會，把沒有人教會的去做會。

職場或許也可以稱做「渡輪迴」，沒多少人能出生帝王家，大多都要歷經劫難，例如人格被羞辱、學歷被嫌棄、小人背後捅、黑鍋滿身揹。也正是經歷了這些，我懂，天下沒有白吃的午餐，更沒有人一身骨氣傲然於天地，打到骨折、吐血傷肺在所難免，但無論如何都沒有人可以阻止你有「重新站起來」的勇氣。

做不愛做的工作，不是命苦，是修煉，離職不能解決就重新適應環境。告訴自己，哪天荷包滿了，翅膀硬了，就可以出關自建門派，**願我們最終能成爲創造環境的那個人，而不是環境中懂世故並隨波漂流的人。**

台灣 桃園 Taiwan Taoyuan

📍 緬甸 仰光 Yangon Myanmar

被討厭，不是我的問題，是他的問題

○○：「我粉絲專頁才幾百人，老有酸民留言砸場！這該怎麼處理？」

我說：「他選擇討厭你，那是他的問題，不是你的。你可以選擇留下、忽視，或是刪除封鎖他。」

隨著網路社群發達，「被討厭」已經升級成為當代人際關係最需要克服的一環。想當年，你想要被網路霸凌、全民議論，可能需要在台北西門町晃個好幾圈，等待有個星探遞上名片，然後簽入某經紀公司培養成為藝人，靠著模特兒、戲劇或是唱歌出道。紅了之後，討厭你的人自然如雨後春筍般湧現，狗仔跟拍你的私生活，各種陰謀論報導如影隨形……。

如今，自媒體時代來臨，人人皆是偶像，社群開一個頻道，配上媒體的操作，粉絲人數就像開直升機不停竄升。人紅是非多，在你享受數千個讚，黑你的人默默的也變成一股同溫層，甚至有些激進分子會跟蹤、騷擾，以及不時放出各種流言。

「到底我哪裡得罪了你們？」

曾經無數個夜晚我瘋狂的逼問自己，該死的網路鍵民憑什麼如此對我？我也只是在網路論壇發表意見，就迎來一堆惡意批評，以及網路言語恐嚇。

「噁心死了！」

這群背後靈彷彿像是噁心油膩的蟑螂，有些會飛，有些飛簷走壁，藏在黑暗中試圖吞噬著你的恐懼，把你逼到牆角瑟瑟發抖。

「是不是我消失，你們才甘願！」

當你選擇反擊，無論怎麼用力揮棒，打出去好像都是空氣。如同在跟一群惡靈對抗，最後反而被心魔控制，連身邊的人也漸漸不理解你，質疑你：「爲何要在意不存在的聲音？」

「你不需要擁有被討厭的勇氣。」

哥倫比亞 薩倫多 Colombia Salento

事實上，你的文字踩到這群惡靈的地雷區，他們過不去的是自己，不是你……。如果你一直都在意別人，就會逐漸失去自己；當你學會忽略這群人，慢慢會逐漸走出自己的道路。

當你抵達公眾階段，很多事無法辯解，也不能辯解，敵人在暗，你在明，正因與惡靈不在同一空間，思維不在同一水平，站在高點就必須學會釋懷刺骨的耳語，而這些逆風，也讓你學會該如何保護自己。

如何變成幾萬人追隨的網路自媒體？

在每個人的生命歷程中，挫折能產生自我覺醒的勇氣，同時也會吸引一群嚮往改變的人們，從追隨中彌補內心所缺乏的人格特質。

那怎麼面對突如其來的惡意？

你並不孤單！記得曾經最勇敢的歷程，還有讓你奮不顧身往前的信念，**不能打敗你的，終會使你更加堅強**。世態炎涼，人情冷暖憑空造，相信當一個善良的人，並溫柔以待你所珍惜之人，惡靈仍存，卻無法再動搖你半分。

三十五後，逐漸跟「單身恐慌」和解

○○：「你都不會害怕一輩子嫁不出去，沒有另一半？」

我說：「當個驕傲的單身狗，好過硬湊做堆的前世冤家！」

二十幾歲的年紀，眞的巴不得今天認識、明天交往、後天結婚的連續劇情節會落在自個兒身上，總想著會不會在下一個轉角遇到眞愛，沒想到最終還是踩到屎，而且是很臭的那種。

三十幾歲那幾年，我收到身邊好友無數的紅包炸彈，就連從來沒有談過戀愛的小美，都因爲朋友介紹嫁給隔壁鄰居遠房親戚的公務員大哥，整個婚禮我被迫上台抽禮花，因爲整票好同學裡還沒有嫁出去的只剩我而已。

三十二歲那一年，嘗試了相親，認識了工程師A男，對方工作背景很不錯，奈何

哥倫比亞 科瓜 Colombia Cogua

瑞士 錫格里斯維爾 Switzerland Sigriswil

完全不來電。也試過交友軟體，建完帳號後發現，一整排大多都是年紀比我小的男性，每次對話常讓人腦袋出現一堆問號。

常想著：「我會不會一輩子嫁不出去啊!?」

個人感情越是告急，生活就越發過得不順遂，婚配對象東挑西揀之後就會反問自己：「是不是我這個人很糟糕，所以才到現在都沒人要？」的確，戀愛會讓人迷惘，瞎了眼睛，而不戀愛卻讓人陷入恐慌，怕單身到老。

三十五歲後，自然就會慢慢跟恐慌和解，曾經在你面前秀恩愛、灑狗糧的閨密，一坐對桌就閉口張口罵老公、羨慕你想去哪裡就去哪裡。她被孩子跟家庭綁住，無法像未婚時想做什麼就做什麼，偶然聽見丈夫外遇、被家暴等故事，讓人不勝唏噓。我想單身即地獄，但失和的婚姻才像十八層地獄。

閨密直眼看著我感嘆：「你，單身，什麼問題都沒有，多好！」

我只能給出不失禮的微笑，心中默默地告訴自己：「與其擔心嫁不出去，不如學會把眼前日子過好。」

不時有人問我該不該跟另一半分手，我都會說：「如果你覺得疲憊，就分手吧！

好過感情中兩個人互相繼續折磨。」當聽到對方有新戀情時，會痛苦一下；當聽到對方結婚時，會痛苦兩下；當聽到對方離婚時，會鬆口氣一下；當聽到對方過得不好時，又會鬆口氣很多下。

獨活，寧可傷心，也不要繼續活在委曲求全的卑屈中。

四十歲這一年，很少聽到要結婚，通常都是談離婚；不婚的，也逐漸甘願一輩子單身。我沒有要凍卵，也不需要三姑六婆介紹，給我連續劇、小說、還有幾個能有一起喝酒的朋友，相信一個人可以過得很好。

把所有錢都花在自己身上，最好！

如果哪天我消失了，你會想起我嗎？

○○：「如果訊息某個人，一直關心他的狀態，剛開始對方會回應，後來幾乎已讀不回，你會怎麼辦？」

我說：「當然會擔心對方怎麼了，一旦發現對方刻意漸行漸遠，我也會讓自己學著保持距離。」

瑞士 皮拉圖斯山 Switzerland Mount Pilatus

曾經，在聚會中相識一個文采豐富的女孩，出國偶然在旅途中逛到編織店，想起女孩的興趣是編織，每次她總能說出世界各地毛線的特色，也感嘆很多線材原物料十分難取得，想要討好，於是心生一念買了幾個毛線球，帶回家鄉給她作伴手禮。

女孩每每收到禮物都簡單謝過，叫我以後別這麼破費，幾次都能感覺她內心藏著祕密，有時聯繫她也選擇已讀不回，偶爾會想：「自己哪裡做錯了嗎？」似乎好像也沒有，曾煩惱女孩是不喜歡我送的禮物嗎？還是怎麼了呢？

後來才明白「持續緣分」遠比我想得困難許多，基於「利益」架構上結識的更難，不是因爲誰變了，誰錯了。活到一定年紀，人就自動會到分岔路口，面對各自下一場的人生課題，有些人選擇跨越，有些人駐留原地不走，有些人往回，有些人走偏，而選擇同一條路的，才能繼續互相扶持。

已讀不回，她不是討厭誰。

某個程度來說，只是我們不在同一條路上而已。

記得二〇二一年某一天，臉書跟ＩＧ在凌晨當機，一個再熟悉不過的動作，突然畫面上跳起重新整理的迴圈，是網路壞了嗎？於是關掉網路，重新連結一次；再關掉電源，重開一次。試了一次又一次，依然都停留在當機的畫面。眉頭緊皺，心想或許哪天不是我消失，而是全世界都停電，彼此可能一輩子再也不見。

這就是一個預告，沒有誰，是特別重要的，包括至親也可能如此。

沒有人非要陪誰到最後，一旦斷開了連結後，私下也沒有互相關心，最終就會自然而然的走散，即使再見面，也像陌生人，即使再聚首，也不知道誰該開口說什麼。

長大之後，可能搬出去住，結婚，成家，或者旅行，不同的人生際遇讓彼此相遇，不同的人生選擇讓彼此漸行漸遠，哪天兜兜轉轉，又重新回到原點。

有誰消失了，那都只是一個過程，重要是，你願不願意留他在記憶裡，當成回憶。

曾有人問我，會想一輩子待在國外生活嗎？我說，不會，台灣有我牽掛的家人。後來，我補充了一句：「如果他們走了，我就沒有牽掛，或許就會了。」

誰消失不重要，重要的是你選擇不再牽掛誰。

捷克共和國 克魯姆洛夫 Czech Republic Český Krumlov

Chapter

2

抓住改變契機
錯誤 嘗試

俄羅斯 西伯利亞 奧爾洪島 Russia Siberia Olkhon

珍惜眼前遇見的人，完成你想要的人生

有時我會想：「如果當年沒有出國打工度假，我會變成什麼樣？」大概是嫁給某個朋友介紹的相親對象，隨後生了兩個小孩的職業婦女。生活柴米油鹽醬醋茶，整天跟老公抱怨工作，整天跟同事抱怨老公，整天煩惱小孩教育，以及眼前錢賺得太少。

對，不敢奢望「旅行」兩個字，光是夫妻倆那點薪水要養家活口，實在難上加難。

旅行，是一種框架外的冒險。

在打工度假期間，認識了不少奇人異事，看到不同的生活面貌。

瑞士 下森 Switzerland Unterseen

理想生活的願望也從嫁人生子變成了踏遍世界，與其跟個男人合築一個家，不如自己蓋艘航空母艦，遨遊世界外，能讓不同的人走進我的生命。

旅行，打破我對人的防禦系統

實際上，我是一個蠻「閉俗」跟勢利的傢伙，不愛過度社交，也不愛跟陌生的人打交道，工作上建立的人脈，往往下班就想全部丟到垃圾桶。

旅行就不一樣了，我會主動問：「你來自哪裡？」「之前去哪裡旅行？」「做什麼工作？」「怎麼會出來旅行？」

遇到合拍的就會提出邀請，「要不下一個城市我跟你去？」「你下次來台灣找我吧！」「有機會我可以去你家找你嗎？」

旅人毫無利益關係，大多數都是流水人情，儘管彼此留下聯絡方式，此生也不見得會再見上一面，但正因如此，也特別交心。

我喜歡在旅途中聽別人的故事，家裡的事，感情的事，就像是翻一本書，他們總把最精采的告訴我。

有些人也會把握機會問我一些問題，包括感情、家庭與工作，也有人煩惱該完成別人的期待，還是堅持自己的道路。

年輕的女孩總羨慕我，說我是她們人生的榜樣。但我回：「關於人生，沒有絕對的答案。人不能瞻前顧後，什麼都想要兼顧，成全別人，卻失去自己。」

年齡相仿的人理解我，說我是他們曾經的夢想。但我回：「關於人生，沒有重來一次，只有善待自己，才有好報。」

年長的人鼓勵我，說我活出了不一樣的人生。而我回：「關於人生，你走的路比我長，每個時代都有不同安排，願都能活出自己最好的時代。」

旅途中，遇見誰，就好好珍惜誰，沒準他就開啓你另外一扇新視界，當聽見的故事越多，自個走的路越長，就會明白，將來想要成爲什麼樣的人。

我不羨慕結婚生子的人，那是他們選擇的人生，現在，我羨慕自己，我如實認眞完成了自己的人生。

有人說，做自己，很難。

我想，你應該沒有全力以赴，過了某個關卡，什麼都變得雲淡風輕了。

義大利 米蘭 Italy Milano

找適合自己的圈，把人生過好

過了某個年紀，就會拚命地對自己說：「對自己好一點，別省那幾毛錢。」倘若六十五歲是退休年齡，人生就有四十年要耗在職場當搬運工。

認真賺錢，當然也要認真花錢，坊間最鼓舞人心的一句話是這樣寫的：「荷包裡的錢沒有變不見，只是變成你喜歡的樣子。」

想當初，我剛大學畢業時，上班要轉兩趟公車、一趟捷運跟火車，現在只想叫計程車；曾經只買開架式化妝品，現在非百貨公司專櫃不買；曾經可以騎著摩托車熱血環島旅行住破爛旅店；現在只想搭高鐵，住高檔酒店，找間酒吧喝杯馬丁尼，半夜躺在上萬元的訂製床上，告訴自己：「這才是人生該有的模樣。」

一切都來自環境所處的價值觀，沒有什麼不好，當身邊的人都忙著在買房買車結婚生子，也自然會問自己：「下一階段的人生是不是該往這個方向走？」

曾經我在雲南昆明的旅館認識個二十出頭打工仔，他一個月工資大約就二千元人民幣，但他一個月花費就要四千人民幣，逢吃就立馬掏錢請客，我問他：「怎麼沒想多存點錢。」他笑說錢存著都被通膨耗光，不如年輕多攢些人脈，四處遊歷。

你說他有錯，其實也沒錯，想想十年前家附近的房子一坪也十萬，如今幾年過去就變二十多萬，誰知道接下來還會漲到什麼鬼境地，人生得意須盡歡，誰知有沒有下一頓飯。

以前被父母輩洗腦要存錢，後來被老師洗腦要理財，同時也被同輩洗腦要花錢享受，只能說價值觀從來不是自我養成，而是不停被環境所影響。

你所羨慕的人生，往往來自周遭所選擇的同溫層，在同溫層要混得風生水起，就看你是走在前面，還是後面。

三十歲後我算是半隻腳踏入自助旅遊圈，國外打工度假回來後心心念念老想跑出門，於是開始混跡旅遊書店跟一些自助旅遊社群。

事實上，背包自助回來後，我莫名膨脹自信起來，畢竟身邊也沒多少人像我一樣，辭職遠行四百天，不過踏入此圈才發現自己渺小到像一隻螻蟻，聽著環遊世界歸來的旅者說著南美洲浩大壯麗的風景，以及在北極圈親眼見證極光漫舞的感動，當下默默立誓，有生之年必須要親歷其境。

那幾年旅行種子在腦子裡不斷深根發芽，也嘗試買了機票就飛往亞洲各國，不斷重複規劃行程，持續演練英文對談，幾年後不再耿耿於懷自己去的國家不夠多，羨慕別人能去那些遙遠的地方。

對了，我也不羨慕結婚生子買房買車的人。或者理財股票賺很多的人，以及年薪百萬的朋友。

因爲每個人要的不同，知道自己要什麼就好，與其在意別人過得比自己好，不如就認眞把自己人生過好。

當然同時我也會收到各種圈外人士批評指教，凶神惡煞怒言說我鼓吹單身、旅行，根本就是造成國家少子化嚴重幫凶。

只能說價値觀不同，並沒有什麼錯！但總有一些人爲了捍衛自己價値觀到處放火攻擊，以前會想拚命解釋，現在只會雙手一攤：「你說的都對。」只是認不認同是另外一回事。

有人問，面對價值觀相異又無法溝通的人怎麼辦？

別憤怒，反正討厭你的人，他也不會是最後一個，無禮批評，不接受，也不抱歉，反正最後是他自討沒趣。

過了一個年紀，找幾個喜歡的圈，日子就容易有依靠，誰愛賺錢就讓誰去賺，誰愛抱怨就讓他抱怨，專注在自己喜歡，才是眞正的嚮往。

南極 Antarctica

不在意「刪除」，與價值觀相同的人前行

〇〇「如何排除生活中不重要的人。」

我：「衣服定期丟，好友名單也定期刪，時間不會停，往前才有好風景。」

一定歲數後，身旁能聊上話的人寥寥可數，即使清單一整排也不知怎麼開口說「哈囉」。有的是旅途不打不相識，有的是某時期同事，各圈好友各自發展，互不干涉也不關心，久而久之變成了陌生的存在，直到被某個讀者私訊留言惹怒後，有定期刪減社群好友的慣性儀式感。

「刪友」起頭時難下手，不得不聯想將來見面尷尬場面，亦或害怕失去關鍵人脈，遲遲不敢按下「解除朋友」按鍵。於是讓此人活躍在自家網路生活圈，看他上線，看他整日抱怨，或轉一堆宇宙神奇心靈雞湯，還有吹牛不打草稿的凡爾賽文，每滑閱一

次，就心生厭煩一次。

不過，某個角度點醒自己！今日刪除，某日還是可以加回來，退除臉書網友的身分，不見得現實就做不成朋友。

對我來說，知道眼前這個人是誰很重要：你是誰？什麼場合下認識？還有過去我們有互動過嗎？我真切希望私領域只給被信任的人觀看，並沒想公私不分，更不想讓讀者粉絲也滲透到我的日常。

幾年後，網友斷交越發上手，有了排定刪人標準原則：

一、看見此帳號的頭像或帳號，完全想不起是誰

二、多年兩人幾乎沒有互動，連私訊都沒有

三、此人在臉書上的多番言論讓我感到不舒服

四、在未來的某一天，都不會有任何交集存在

五、沒有頭像照片、沒有任何留言、沒有上線

智利 復活節島 Chile Easter Island

不過偶爾我還是會遲疑，明明很討厭，卻不知該不該刪除。有天突然找另外一個共同好友求救，問他是否該刪〇〇〇嗎？朋友反問「你爲什麼想刪他？」我說：「我想接下來都不會想跟他互動。」

刪人前提是必須坦白，不能過於猶豫不安，倘若還有一絲眷戀，那就把此人保留在人際邊緣線，倘若未來幾年都沒聯繫，懷念也會變成白煙青絲，最終煙消雲散。

畢竟隨著年紀能儲存的回憶並不多，腦容量記憶有限，生活中人來人往是正常的，不要對「刪除」誰感到抱歉，那只是一個平台，哪天這個平台也不一定會消失。學會不在意「刪除」與「被刪除」，與價値觀相同的人亦步亦趨前行，往後身邊才會有好風景。不喜歡的，不舒服的，隨時取消、保持距離，別害怕不相干的陌生人怎麼評價你，留把尺在心中，你就是合適舒服的自己。

人跟人都要保持良好距離，**沒有禮貌，不懂尊重，熱愛抱怨，指桑罵槐，惡意評論，刪除才能解決「最終」問題。**

後青春的友情，學會不執著

○○：「一生朋友不多，重視的就幾個。正當離別之際想見見他們，他們卻告訴你，疫情下不見也沒關係，讓你很是傷心。」

我說：「後青春的友情，逐漸淡了，忘了，都是正常不過的。」

H準備到國外打工度假，延宕多時終於準備要出發，心想這一別就是兩年，想找好友送別，於是厚著臉皮問閨密說：「我快出國了，找一天出來聊聊好嗎？」沒想到都被各種理由推託，即使自己願意去找她們，朋友卻只輕聲說不用，讓她鬱鬱寡歡，情緒糾結到不行。

我說，將心比心。或許她們也想見你，只是某些原因，不得不擱置。或許她們有了家庭，一時半刻脫不了身，日子是一團亂，不想再添亂。或許她們也爲你好，省去

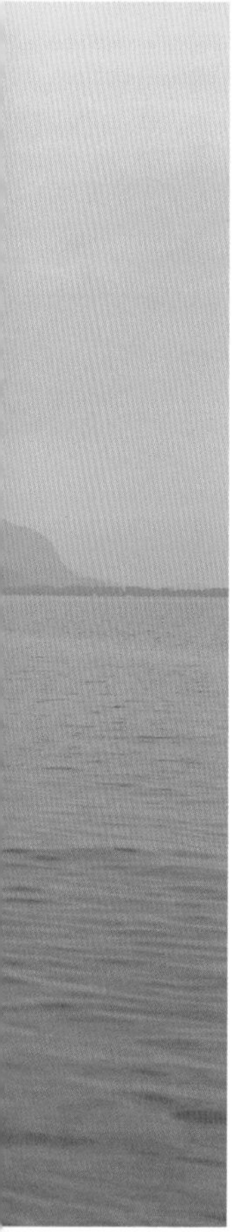

▲瑞士 沃璋 Switzerland Vevey ▶義大利 五漁村 Italy Cinque Terre

了來往交通奔波，少接觸人群。

「或許」兩個字，是對朋友的貼心，也是讓自己「放下」的藉口。

曾經，我也是一個對友情特別執著的人。大概是因為從小到大朋友不多的緣故，每到了年末總要寄送數百張賀卡出去，記得每個人的生日與喜好，惦記著該聚餐的時節，總拉著幾個姊妹一起聊天，說好了一年一聚絕不分離。

大學畢業後那幾年，我當了好幾個閨密的伴娘，一個一個把人送到紅地毯的另一端，一個一個看閨密生孩子、買房子。人生的道路上各自有了選擇，我選擇單身遠行，他們走入家庭，最終走上不同道路。即使過去彼此再好，現實中很多話題就聊不上來，於是漸行漸遠，偶爾某一天才會想起。

頭幾年開始也不習慣，尤其是說好的聚會，時間越來越難約。裡面，單身最好約，新婚的要問過老公，剛生孩子說要找人顧，孩子大的則是老有理由推託，幾次下來，就不如不辦。於是幾個好友，從一年幾次，到幾年一次，有些人可能就斷了線，永遠都不再聯繫也有可能，因為接上了，可能彼此面面相覷，也不知道該說些什麼。

我總笑說，每送一次新娘，就好像把朋友送到另外一個世界，她的世界接下來屬於另外一個他，另一個家庭，還有她最愛的孩子。或許她也很懷念曾經幾個女孩單身的時光，也不想泡在柴米油鹽醬醋茶中，但很多時間，不是她能決定想怎麼做就怎麼做，包括友情這一塊。

這幾年認眞想，我離開家旅行或許是幾年，但她們進入婚姻家庭可是一輩子。人都必須在某個時間點放下執著，不要害怕失去誰，因爲難保不會在下一個路口遇見誰；每一個人都是過客，只有自己不會離開，你越是爲誰傷心，只是自己在傷心，對方也不値得你如此在意。

有些人，活在過去，

有些人，活在心裡，

有些人，忘了就好，

有些人，早斷早了，

有些人，保持聯繫，

只有自己的人生，還是要繼續，不能停。

職場很多千年老妖，你不需要活成聶小倩等誰來救你

○○：「為何一上班就感到焦慮不安？換了幾個工作都似乎好不起來。」

我說：「心魔需要心藥醫，人害怕的是某些糟糕的印記。」

挪威 納維克 Norway Navik

二十幾歲時，極度厭惡職場環境，總覺得全世界不公不義都發生在自己身上，欠薪不給的老闆、只會拍馬屁的主管、整天找麻煩的客戶、熱愛混水摸魚的同事，不管換了幾間公司，以上都是固定成員，時常被迫選邊站，就像俄羅斯輪盤壓賭注，贏的升官加薪，輸的捲鋪蓋滾人。

三十幾歲時，終於熬過三年一個門檻成爲資深員工，一邊認眞工作、一邊想辦法進修其他專長，一邊研究股票跟投資、一邊期待出國度假去。一直告訴自己努力就會得到應有的報償，直到某個靠關係新進的員工，一進公司薪水就比你高，資質平庸的同事變成你的主管，某個同事不幹後考上一級公務人員，再過幾年，老闆大發佛心加你薪水五百元，又搞得隨時找人取代你。

四十幾歲時，逐漸成爲懂進退、耍心機、會甩鍋的部門主管，責任越大，壓力也很大，總覺得新進員工爲什麼聽不懂人話，叫他往東，他偏偏往西，底下主管很有事，常會在老闆後面捅你一刀，搞得一副準備取代你的野狼豹子心，而你只想準時下班躺在沙發上，一動也不動看網飛的劇集。

凡是在職場受過的傷，最後都將被時間覆蓋了疤痕，焦躁不安是因爲你還沒準備好面對一群瘋子，阿德勒曾說過：「一切煩惱都來自於人際關係。」擁抱負面情緒，千萬不要覺得自己不會改變，而勇氣改變後的第一步，就是停止自己失控的情緒。

當然，我知道很難，尤其是在當下被威權打壓時，沒有人願意站在你背後支持你，彷彿站立一平方米的孤舟上，身邊全都是準備要吃了你的大鱷魚，焦慮讓人有玉石俱焚的衝動。「你毀了我！我也不要讓你好過。」

A因爲公司來了一個白目助理有離職的衝動，

B因爲主管分配他跟難搞的同事一組有離職的衝動，

C因爲某個同事當衆羞辱他有離職的衝動。

因爲混亂的人際關係離職很簡單，但大多數都會在下一次輪迴遇到不同類型的瘋子，所以「面對」焦慮，「轉換」焦慮，才能「戰勝」焦慮。

只要在群體生活中，就必須面對各種意想不到的衝突點，或許是你提早打了兩分鐘下班卡，或許是你多請了兩天假，或許你廁所裡多待了五分鐘，你以爲再正常不過的小事，都會有人看不順眼，甚至對你情緒勒索跟指手畫腳。

千萬別想先道歉、先自我檢討，最後再想消失逃避。

職場沒有人需要爲你設身處地，他們不是你的老師，必須教導你，更不是你爸媽，有義務保護你，你已經是大人了！不要因爲受了點委屈就放棄了自己。

職場，妖魔鬼怪很多，因爲他們都必須保護自己，當你無法逃避生存，唯有面對他，忽視他，不把瘋子放在心上，即使他是公司的千年老妖，你也不需要裝扮成聶小倩等著誰來救你。

泰國 藍塔島 Thailand Koh Lanta

減肥是此生最好的消遣，和談戀愛一樣

○○：「你覺得這輩子哪個願望最難達成？」

我說：「減肥。」

從小我就是不愛運動的女孩，體育課最愛在大樹下乘涼，班級接力賽跑是拖垮全隊成績的罪魁禍首，全年級各科考評都是A，只有體育永遠都是C。長大後屁股跟大腿因長時間坐在辦公室椅上，累積厚實又臃腫的脂肪，隨著年紀新陳代謝變慢，腰間肚皮肉自然變成游泳圈形狀。

母親總喜歡拿肥胖早死來言語刺激我：「不希望你早死，就不要吃得這麼胖。」前男友總皺著眉頭看著我：「當初遇見你時衣服尺寸還是S，怎麼現在變成L，不會之後會變成XL吧！」

偶爾夜深人靜隻身躺在床上，思考二十歲到四十歲，歷經幾次男友分分合合，跟曖昧對象取消關注後，某些閨密摯友無故消失，唯一對我不離不棄也只剩下脂肪這玩意！

還記得某年在斯里蘭卡的青年旅社中，同寢室女孩推開房門看見我，親切的跟我打招呼，指著我的肚皮微笑的說「懷孕？」當下我眞的非常受傷，仍幽默打趣回：「Yes! It's my fat baby.」沒說出口，這可是永遠無法出生的脂肪寶寶。

你說，胖女人到底要爲了減肥吃盡多少苦頭？

翻開過往日曆，我掛過減肥門診西醫，花了上萬的自費療程，也排隊掛號專門的減肥中醫診所，吃了三個月超難喝的體質湯藥。花的錢不計其數，買過各款以減肥爲名的生活小物，例如減肥酵素、防彈咖啡、減肥座墊、減肥中藥外敷溫熱包，也購置數十堂健身課程、加入健身房俱樂部，以及各種幫你減肥的書。這幾十年所繳納的減肥功德金應該可以買輛車了！

不過，其實我也有瘦過那幾年。

三十二歲菜鳥背包窮遊歸來後，旅程中吃不好、睡不好外，整天還要揹著數十幾公斤的行囊四處奔波。往往一天要走上數十公里，運動量十足，而且為了適應各國氣候風土，經常上吐下瀉，食慾差到不行。得到的回饋就是結實的大腿，完美又平坦的小腹和體態。

不過背包旅行變瘦只此一次，之後繼續嘗試過各種減肥療法，偶然短暫的瘦了幾公斤，但一旦飲食不節制、運動停滯、日夜糜爛後就會恢復。

誰都懂，減肥不二法門就是「少吃多動」。

任誰都知道半夜吃消夜不好，過甜的巧克力容易胖，鹹酥雞不是健康的食物，麻辣火鍋的熱量特別高，加工食品對身體有害，零食蜜餞請少吃，但情緒不好只有食物能安慰受傷的心靈。

年紀越大，胃就越誠實，不愛吃的，就不逼自己去面對。

持續把減肥列為願望，但已經沒那麼努力非要達成不可，或許減肥是此生最好的消遣，就像談戀愛一樣，即使失敗一萬次，都要抱持著信心。沒有所謂理想的體重，偶爾脫水少個〇．五公斤，就足以支撐整天的小確幸。

阿根廷 烏蘇懷亞 Argentina Ushuaia

做一輩子無聊的工作，當無聊的人，不是我追求的穩定

○○：「你會害怕沒有穩定的工作跟收入嗎？」

我說：「不是每個人都以追求穩定為人生目標，至少『我不是』。」

小麗在連續被三間公司資遣之後，決定在四十歲這年創業，她受夠電子產業裡各種烏煙瘴氣。在家人鼓勵下決定用電商平台做直播帶貨，批了一些高單價的化妝保養品以及韓貨服飾就決定創業。第一場直播觀看人數十個人，第二場直播六個人，連續五場，她只賣出一場。她沮喪的問我該怎麼辦？

我卻興奮地問她：「直播帶貨好玩嗎？」

她說直播帶貨就只需要一台手機跟自拍架即可，按下直播鍵後就自言自語熱烈介紹商品，把自己想像成電視購物專家，冰冷的螢幕則是一堆愛死你的粉絲跟客戶。

當然一開始不會很順利，從未經營過網路社群的小麗，剛踏入就直接遇到銅牆鐵壁，她臉書平台做直播社團分享時，就被各類社團管理員直接列拉黑剔除……再來改在電商平台直播，觀看人數遲遲無法突破個位數，對著空氣講話已經夠尷尬，更慘的是一件商品都沒賣出。

小麗媽媽一旁急忙指導，叫她要笑開心點，肢體動作要大。妹妹則建議她穿爆乳裝，最好假哭、瘋癲才有人看。小麗心中OS，人都活到四十好幾，有必要如此摧殘自己嗎？

聽完後我立馬給小麗一個大擁抱，並認為能在四十這個年紀，跳出自己的舒適圈，挑戰完全不同的工作，本身就是超勇敢的決定，不管最後能不能做下去，這都會是人生有趣的經歷與體驗。

我也不吝嗇分享四十歲去嘗試做兼職外送員的選擇，小麗一臉不可置信看著我問：「你？外送員？為什麼？」我則大笑說：「兼職而已，不要認眞。」並分享接連幾週成爲外送員的送餐心得。

過去，我以爲這是極度辛勞的粗重活，但當我送完第十單時，才發現這是極度簡單並容易上手的工作。只要擁有機車、一台可上網的手機即可，內容就是依照系統跳送的外派單，再從店家取貨送到客戶手上。不用面對客戶，不用面對老闆，沒有固定工作時間限制，很適合像我這樣沒有固定工作的自由工作者。

不過，因爲成爲外送員的關係，才發現從小到大成長的地方也變得有些不一樣，開了幾間有趣的新餐館，平常不會經過的田中央蓋了好幾棟新社區大廈，下雨天送餐時會有人給小費，絕大部分人取餐都會跟你說一聲：「辛苦了。」偶爾會迷路，但從沒有找不到路的時候。

小麗問我：「會一直做下去嗎？」我說，

保加利亞 普羅夫迪夫 Bulgaria Plovdiv

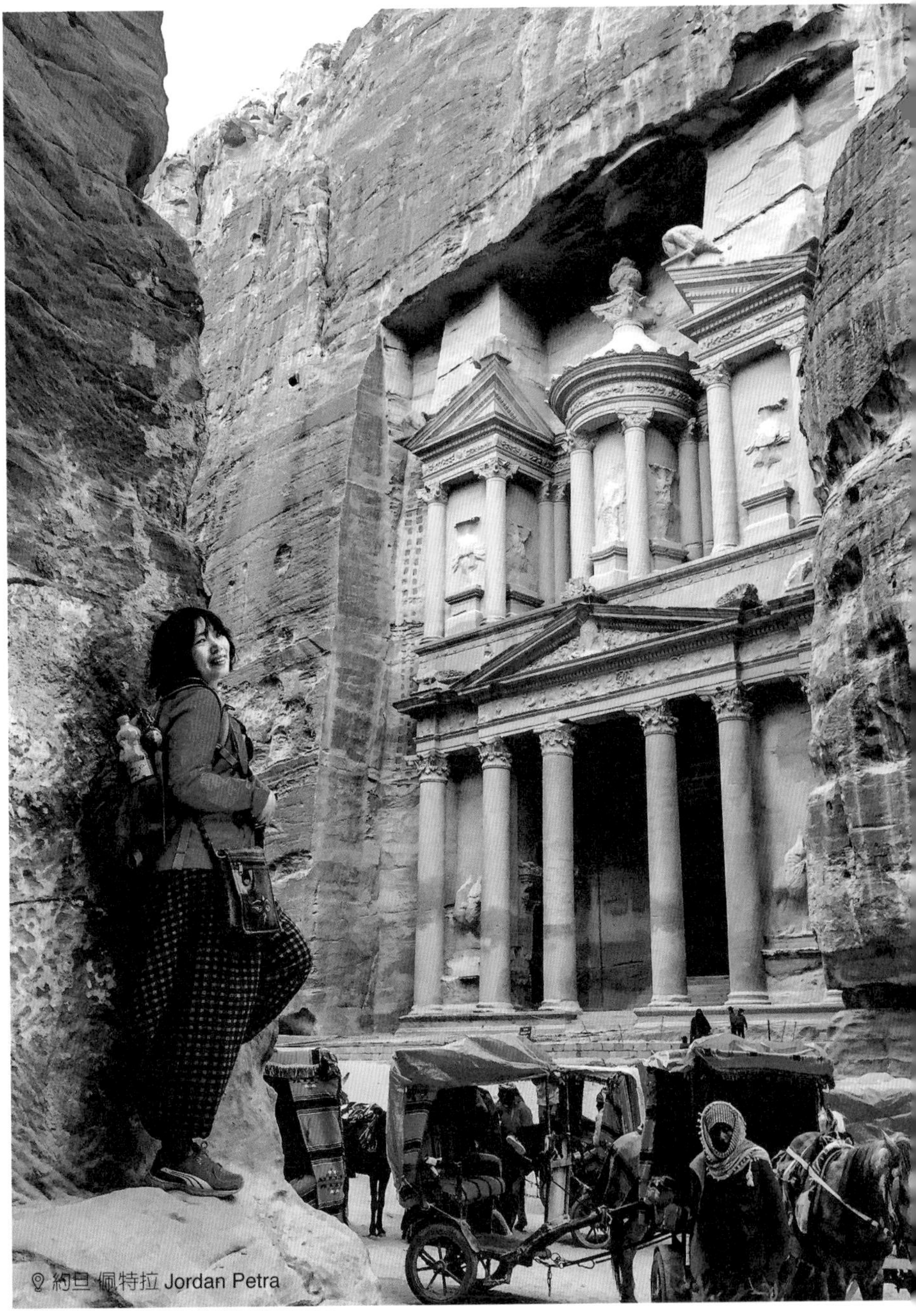

約旦·佩特拉 Jordan Petra

或許兩個月，或許半年，不能預期嘗試任何工作，就會立即得到巨大的成功或財富。

四十歲後的我，對職業的頭銜、薪水跟成就失去羨慕忌妒恨的比較心態，相信身邊成功人士背後都曾付出巨大心血與努力，然而他人的成功，不代表我也要活得跟他們一樣。

不是每個人都活在同一個起跑線上，也不是一直拚命往前的就會先抵達終點，爲自己設定目標，也設下退場台階，鋪好人生下一條道路，其他都與旁人無關。

我選擇做什麼，就會對這份工作負責，當我決定放棄什麼，我也會對這個決定負責。至於別人在我身上掛的標籤，那是他們的，不是我的，而人生所想體會的經歷與經驗，必當是我願意承擔的。

神明只能指引方向，並不能決定你往哪裡去

○○：「你當初怎麼毅然決然決定三十歲離職去旅行的啊？」

我笑說：「神明的旨意。」

年輕時，喜歡三不五時往廟裡跑，什麼廟都拜，什麼佛都求，求姻緣、求升學、求發財，求到最後把「命運」兩個字牢牢鎖在籤紙上，神明說：「忍一時風平浪靜。」我就選擇不離職，神明說：「退一步海闊天空。」我就選擇分手。

用筊杯尋求神明的指示，把所有不想做的決定都交給上天。籤詩求來倘若顯示大吉，整日走起路來都有風；籤詩若是顯示兇，即使外頭陽光普照，也能感覺額頭印堂發黑；如果神明不給籤，一顆心就像沉入馬里亞納海溝，活著彷彿失了魂。

我也不懂，為什麼當時活著這麼沒有自信？彷彿做什麼，錯什麼，選什麼，也會

中國 雲南 沙溪 China Yunnan Shaxi

泰國 拜縣 Thailand Pai

錯什麼，明明都是自己選的，卻害怕是不是選錯了。

二十八歲那年的失戀，被整活得一蹶不振，職場表現也爛得一蹋糊塗，兜兜轉轉又回到主神案前，手持兩瓣約巴掌大的半月形木片，眉頭緊鎖的問上蒼：「現在有兩條路，笑杯是維持現狀，聖杯是徹底離開，望神明指示一條明路，讓信女不再徘徊糾結。」說完便重重的往地上擲去，取得一個笑杯，是「留下」。

天啊！這不是我想要的答案，我要的是「離開」！

不能接受的我，瞬間噴溼了眼眶，難過跪坐在神明桌腳旁，不知接下來該怎麼走出廟堂的門檻，嘆了一口氣後，再次拿著紅月木默念：「神明，再給我一次機會好嗎？」結果匡啷，是聖杯，終於有人站在我這邊了。

於是秉著上蒼給的信念，在眾人不看好下選擇三十歲這年到國外打工度假，果然沒有一刻是風平浪靜，歷經車子被撞、錢被偷、工作遇到黑心老闆，還在斐濟差點遇到死劫，半路被人求婚等荒謬劇情，最終還是平安回家。

十年過去，過年約了老同學去廟裡拜拜，談起當年這段往事都笑岔了氣。眞不知道爲何當年如此玻璃心，只不過離開出國一年，有什麼大驚小怪，整日求神拜佛哭爹喊娘的。

兩人拜完一輪主神後，我問：「你求啥？」她說「發大財」，我默默笑說「我也是」。

過了某個年紀，明白人生不再需要太多神話故事維持心安，不是因爲相信科學，而是痛苦本來就是生活的一環，並非潛心祈求什麼就能避開，而心安也不是求來的，是自己準備好迎接的。

曾經我認爲自己活得很糟糕，事實上，我不是，

曾經我以爲自己過得很悲慘，往回看，我也不是，

這個世界比我悲慘的人多得是，不需要對號入座，把人生的決定權都推給別人。

別活在別人的嘴中，更不需要期待上蒼能給予什麼，每個人最該堅強的，是自己的內心，當你有自信，沒有任何一個杯能左右你該去哪裡。

Chapter 3

回到初心開始
歸零 出發

紐西蘭 蒂卡波湖 New Zealand Lake Tekapo

浪費時光，沒意義，也有意義

大學時我曾經沈迷線上遊戲兩到三年的時間，那時候流行《天堂》、《軒轅劍》跟《世紀帝國》，同班同學們各自忙著談戀愛、考研究所，我則每天忙著組隊刷副本，宿舍學妹給我一個外號，叫做「打電動學姊」。

線上遊戲認識不少三教九流，有記者、黑道還有大學助教與小說家，偶爾還會約出來網聚，聊遊戲世界裡的八卦與攻略，不過隨著遊戲公司開發新地圖越開越慢，虛擬世界裡的人在現實中也有了新的人生規劃，我畢業要找工作，有些人則到海外生活，慢慢地一個一個下線。

偶爾回想當時不眠不休玩遊戲就覺得瘋狂，一堆現實中的魯蛇們，日日伺服器中稱王封后，爭奪你死我活，有些人明明從沒見過面，卻每天上線呼喊彼此公婆，在各大聊天頻道曬盡恩愛，有人為了虛擬寶物散盡家財，也有人賣帳號賺了一桶金。

身為資深玩家的我，玩到後期帳號開了好幾個，每種職業等級都練到封頂，滿手價值連城的虛擬道具，但下線之後，也只是一個平凡上班族，常被老媽罵「玩遊戲沒出息」！

轉職不順遂時，會想如果當時拿玩遊戲拚搏的精神與時間去念個碩士，或多學個一技之長，是不是現在日子就不會過得這麼苦悶跟悲催，看著同學在各大知名企業步步高升，而我只能混跡不知名的地方企業，成為低等社畜。

然而千金難買早知道，再懊悔也沒有用，至少那時候認識一群同袍戰友，講起一堆遊戲專業術語，仍津津樂道回味無窮。

二〇一〇年，智慧型手機逐漸普遍，手機遊戲慢慢取代了電腦遊戲，以前是需要電腦開機、數據機連線、開啓程式、登入才能上線，偶爾嫌家裡網路太慢，還要去網咖付費對戰。

隨著無線網路通訊快速發展，各種手遊琳瑯滿目，隨時無聊就可以拿起手機玩個小遊戲。

日前有個朋友向我炫耀他 Candy Crush 玩到很高等級，然後我立馬丟了自己過了九千多關的畫面，對方馬上回：「失敬！失敬！沒想到你是糖果大師。」我笑說這在旅行等飛機時很好消磨時間。

再比對我身邊的朋友們，似乎每個人都有自己喜歡的小遊戲，偶爾我們會聊最近你在玩什麼，有人整天都在抓寶可夢，有人則沈迷宮鬥遊戲，也有人是線上麻將高手，我則是玩不膩的糖果大師。

到底花一堆時間在手機遊戲上有什麼意義？答案是「沒有意義」。但難道拿這些時間去追逐名利就有意義了嗎？

偶爾我也會想，如果省下花在小遊戲上的時間多閱讀一本書，或是多上一

菲律賓 宿霧 Philippines Cebu

日本 本洲 日光 Japan Honshu Nikko

堂課，人生會不會變得更好。隨即低頭笑了一笑，答案顯而易見，並不會。

過了某個年紀，已經不願意爲了更好的將來，逼自己去學不喜歡的課程，去社交不認識的人群，去聽不合適的演講。

寧可待在某個角落，玩著無聊的小遊戲，不管玩到多厲害，都不代表什麼，頂多知道明白「原來我的人生還蠻多時間可以浪費的」。

人生本來就浪費在很多無意義的事情上，但千萬不要耗費在無意義的人身上。

浪費，是我願意。

耗費，我不甘願。

對了，除小遊戲外，我願意把時間浪費在旅行上，而不是耗費在完成別人的期待中。

是不是活到某個年紀，願望就會變不見

○○：「六十歲後的願望還是去旅行嗎？」

我：「活成沒有願望，或許才是真正的知足常樂。」

某年冬至，我跟母親兩人坐在客廳沙發上看電視，新聞報導著王力宏從優質偶像瞬間跌落成爲全民網罵渣男，捧著碗吃著隔夜湯圓糊的我問：「媽，你今年做了什麼？」她面無表情的回：「沒有。」

的確，疫情鎖國進入二週年，哪兒都不能去、不能做，我也狐疑：「難道……一整年活著都沒有特別的事嗎？」不滿意的我硬是想幫老媽做年度回顧清單。起身往廚房一站，用眼神巡一遍她的戰場，看到櫥櫃角落新買的黑色方形物，充滿驕傲的說：「今年幫你買了微波爐，開心？」這次她連應答都不願意。

馬來西亞 姆魯國家公園 Malaysia Mulu National Park

冰島 米湖 Iceland Lake Mývatn

我再用眼角餘光掃到一旁二十多年的舊冰箱，俏皮地說：「要不明年幫你換冰箱？」她一口回絕「不要」，繼續在沙發上划手機看 YouTube 如何種菜的影片教學。靈光乍現的我馬上指著她手上那台說：「不然換一支手機？」她眼神都不抬的回：「手機沒壞，我不買。」最後我有點氣急敗壞指著眼前的桌子，那換桌子呢？電視呢？她則翻白眼叫我「上樓」，代表她不想看到我。

眼前媽媽好像太帥氣，彷彿已然過著無欲無求的生活，此時心想是否人到某個年紀，每一天都過得一樣，也沒有特別的夢想跟欲望。朋友解惑說：「或許你媽是希望你平安快樂就好。」而我反駁：「我也希望他們健康平安……不過，他們是他們，我眞希望上一輩的父母可以不要再把願望都投射在兒女的成就平安上。」我認爲家人的關係是親密互存，並不是榮耀共存。

理想的四十歲，是不再把未來攪和在過去不舒服的人事物上，但仍然有千百條願望等著去實現，明白人生遺憾難免，無法把眼前活得像白開水坦然透徹，至少不要持續悔恨，爲何當初錯失了機會。

或許哪天日子到了六十這歲數，期許能活得也像她如此，沒有特別想望，把一年當作一天，眨眼瞬間過。在這之前，還是想把生命過得轟轟烈烈，瀟瀟灑灑，策馬奔騰，義無反顧。

待在原地，最終也只是一事無成

○○：「三十四歲，失業快四個月，真覺得好心慌。」

我說：「曾經我也半年多沒收入，我懂。」

剛畢業時我把薪資帳戶裡頭的錢看很重，畢竟每一分都是苦幹實做攢下來的積蓄，期盼哪天能賺到自由無虞的退休人生。大概是心急，耳根子軟跟風去投資股票跟基金，沒想到一進場後就立即被當韭菜收割，該死的雷曼兄弟拖垮了全球的經濟，也讓荷包瞬間縮水一半，好一陣子鬱鬱寡歡都無法停歇。

只好拚命告誡自己：死上班族，死薪水，你選了什麼職業，就請乖乖認命。

三十歲認命的結果：存款終於突破六位數！天啊！應該開香檳慶祝戶頭里程碑才是，不過一轉念，職場勞苦工作八年外加勤儉持家不亂消費，才能存上這麼一點零

瑞典 斯德哥爾摩 Sweden Stockholm

頭，連公寓廁所坪數都買不起。倘若將來薪資沒漲，年薪撐在四十萬左右，扣掉日常開銷支出，都不禁爲自己掬一把同情淚。

時間會消磨熱情，貧窮會摧毀志氣，任誰都不想繼續沉淪，把自己活得像無頭蒼蠅四處撞壁。我在絕望中，一不做不二休逃到國外打工度假，寧願把存款花光，也不願活著黯淡無光。

的確，錢是花光了，返家後只好不甘願重新擁抱舊老闆的大腿。不過，熱情也回來了，我想繼續旅行。三年間，一邊做資訊專案經理跟客戶討論系統趨勢，一邊成爲旅遊部落客與人分享旅程中苦辣酸甜，當戶頭累積到一筆錢時，就決定把人生砍掉重來一次，再次勇敢遞上離職單。

嘴上講得好聽是追逐眞實的夢想，實際上內在充滿無比惶恐擔憂，我也沒把握在收入完全斷炊下，這個夢能支撐多久不破滅。我不是專職作家，也不會採訪，更遑論站在幾百個人面前演講。或許是基於人類求生存本性，爲了夢想不要太快破滅，什麼千奇百怪的工作都接過。包括五百塊的電影宣傳稿費、一千元的大學社團演講，甚至某些無酬互惠的工作也會嘗試，對我來說，那不僅是一種歷練，也是能存活下去的機會。

對了！我還曾報名參加過網路旅遊達人競賽，只爲了免費泰國來回機票。你能爲夢想付出多少努力？必須承認那幾年幾乎是拚盡全力，走在一條連盡頭都沒有的道路上，沒有退路，沒有戰友，只有我自己。即使只有百分之一能被看見的機會，也不願意放棄。

中年失業的確讓人徬徨，口袋沒錢也讓人恐慌，但換個想法，人生就是一場遊戲，別人出了「暫停」的命運，難道你就不能擁有「翻轉」的機會？所謂的籌碼並不僅限於帳戶上的實際金額，更多的是你是否有願意改變的勇氣？

別怕輸掉眼前的一切，因爲你根本還沒走完全部的人生。

烏拉圭 科洛尼亞 Uruguay Colonia

找不到熱情，就跨出去體驗他人的日常

○○：「一個女生去世界旅行不危險嗎？」

我說：「真正的危險，往往來自於無知。」

身為一位長期在海外走跳的單身女性，返國演講最常被問及旅途「人身安全」問題。有幾次我反問台下觀衆，請問你都害怕什麼？他們回答：迷路、語言不通、搶劫、騷擾跟詐騙等等。

我說，絕大部分問題都一樣會出現在原本居住的環境，你還不是照樣上班、生活跟旅行？出國遇到的危險很多都是流於表象的恐懼。我認為自身的經歷並不能等同別人，更何況媒體報導的事實也會跟眞實有所差距。

旅行者原本就是特別的

有句話說：「旅行，就是從自己活膩的地方到別人活膩的地方去。」熱愛旅行的我，極度贊同這句話，正因爲在原本的居住地找不到熱情，才要跨出自己的日常，去體驗別人的日常，回過頭來，更加清晰地看見自己。

有次，我在印度加爾各答的菜市場找尋充電插座，沿路有無數雙陌生瞳眼打量著我，一開始我感到極度不舒服，彷彿我像是馬戲團走出來的小丑。後來，換個角度想，我與他們不同膚色、不同穿著，語言也不通，任誰都會想多看一眼，他們感受了不同於原來環境的黃皮膚女子，竟然在異鄉如常人四處逛買，就在眼神交流疑惑的一瞬間，確定彼此存在於相同世界中。

其中，在搭滿帳篷髒亂的貧困街道上，有個穿著單薄破舊衣服的孩童看見我，並投以好奇單純的微笑，我彷彿能從他的眼神解讀出：「你是誰？」看見他的那一剎那，我感受了貧窮，並沒有感受到絕望。

未知能觸發內心的感知，並同理他人處境，會讓人忘記害怕，並想解開眼前的疑惑。邊走我邊想，印度貧窮的孩子有念書嗎？他們信仰什麼？飲食吃些什麼？逐漸了解印度的貧富差距極大，富人住在金碧輝煌的城堡，而富人的一餐或許就能飽足整個鄉下村落生活。

不要用原本生活的環境去批評你沒去過的國度

無論出發前或是歸來後，總是有人訝異我獨自旅行印度，他們覺得太危險，是個強姦案氾濫又骯髒的國度，而我心想旅行不會因爲你去了先進國家就蓋高尙，去了一些一般人不太會去的地方就特別厲害，世界跟你想的不一樣，也跟別人不一樣。

曾有人批評我分享獨自旅行會讓別人起而效尤，進而發生不幸的後果。我卻認爲每個人都有知曉他人故事的權力，更有判斷自己是否能承擔的勇氣，倘若這是你眞心嚮往的旅行方式，爲什麼不去嘗試！

一個人旅行的確很多問題，你需要解決問題的能力

無知的人永遠把錯都怪在別人身上，不要對不理解你的人多做解釋，不要被定義在別人限制的框架裡，危險不危險你該自己清楚底線，相信沒有人必須要跟另外一個人一模一樣，旅程是，愛情是，世界是。

旅行最終讓人懂得珍惜平凡生活中的一切不平凡。

▲印度 烏代浦 India Udaipur ▼印度 焦特布爾 India Jodhpur

找個地洞鑽下去？我想消失在熟悉的世界裡

○○：「你是否有渴望消失在世界上的衝動過？」

我說：「不被待見、不被愛時，人亦失去存在的信念，但每一個人都有被青睞的價值。」

孩提時，總覺得爸媽不夠愛我，也不懂我，他們只顧著眼前的工作，一週七天，七天都在賺錢，說好要帶我去遊樂園，說好要幫我繳學費，永遠都是明天，永遠都是最後一天。

犯錯時，他們會用藤條狠狠打在我的掌心跟大腿肉上，我嚎啕大哭到無法呼吸，無論怎麼拚命解釋都沒用。母親曾狠狠說，我就像是養在米倉裡的老鼠，花著大人辛苦賺來的錢，不知人間疾苦，養來沒有任何用處。

好幾次，我都想半夜偷偷溜走，去哪裡都好，被賣掉也好，死掉也可以，既然沒有人愛我，這個家不需要我，爲什麼我還要繼續待在這裡？最後我從黑暗的馬路哭著走回床沿，默念著：「沒關係，長大就好了，等以後你長大想去哪裡就去哪裡。」

上了中學，一個班五十多人，同學們自然而然散成了好幾個小圈圈，你會遊走不同的朋友圈，也會遇見視彼此爲珍寶的友人，不過團體相處中不免還是有些爭吵、嫉妒、比較。可悲的是，當一個人聯合一群人排擠你、邊緣你、誣陷你，弱勢的你卻無力辯駁時，就想消失在群體中。

誰都不願被信賴的人遺棄，尤其是付出過眞心對待後，想把自己鎖在房間裡，也把未來鎖在心房裡，害怕再一次被遺棄，直到某個人告訴你：「沒關係！我也是怪胎，你沒有不好，只是不適合那圈而已。」

進入職場，利益牽連所有人的敏感神經。初生菜鳥可以爲了信念、理想、道義奮不顧身，往往不經意踩到他人的痛點，隨之而來是各種傻眼的報復，莫名被扯後腿、同事言語冷暴力，如針扎般侵蝕皮膚的每一寸。彷彿回到求學時被霸凌的場景，異樣的眼光，被仇恨値包覆的內心，只要上班就會感到噁心、暈眩，迫切希望眼前這群人

俄羅斯 西伯利亞 奧利洪湖 Russia Lake Olkhon

法國 埃茲 France Eze

消失，但最終消失的還是自己。

換了幾個工作，終於學會甩鍋、裝無辜跟睜一隻眼閉一隻眼，不再輕易相信誰說了什麼話，也不再爲某個心機婊強出頭，默默告訴自己：「這只是份工作，不是人生的全部。」亦失去了活著的熱情與初衷。

爲了找回靈魂，三十歲我消失去國外生活，消失的一年不發朋友圈，不更新動態，想徹底跟過去斷開連結，直到旅途的陌生人告訴我：「每一個人都有被青睞的價值。」

○○說：「我不認識過去的你，我想跟現在的你做朋友，現在的你很好，我喜歡現在的你，希望等我們離開這裡後，記憶中都只有彼此最好的模樣。」

是的，那些不被愛，不待見都會過去了，

別把他人一時的情緒放在心上，更別把靈魂鎖在錯位時空裡，

討厭的人最終會消失在生命中，

請將自己放在人生第一順位，相信接下來會很好，日子逐漸就會變好。

不要活在別人眼裡，死在別人嘴裡，不明不白，一輩子冤屈。

留給傷心人一個體面，也給自己留退路

◯◯：「如果你發現閨密男友偷吃，你會選擇告訴閨密？還是視若無睹？」

我說：「我會婉轉的暗示，卻不選擇戳破真相。」

經歷了某些年歲，我逐漸明白「眞相」並不重要，重要是如果你在乎她的感受，就必須幫她留個體面，不是人人面對劇變事實都能有強大心理素質去面對，最後人會選擇的是「幫她留體面的人」，而非「告訴她事實的人」。

曾經我也是一名「槓精」，這是對岸很火的網路詞，指故意唱反調爭辯時持相反意見的人，無論對方說什麼，忽略其正確邏輯，常利用人的情緒弱點使人憤怒爆走。

過去我認爲有話直說，有事直講，面對自以爲的正義就開始口無遮攔，彷彿都是別人的錯，但最後我身邊的朋友一個個離開我，才意識到「事情」無對錯，但角度很

瑞士 洛桑 Switzerland Lausanne

重要，倘若你能站在同理的角度，別人會聽得進去，但若站在批判的角度，任誰都會受不了。

往後開口前，都想試著站在對方的立場想，如果從朋友口中得知在某場合看到男友跟其他女人曖昧，我應該會很傷心，不知所措想馬上去求證，但同時希望這是誤會，並不是朋友眼中看見的事實。

反推回來，我若是這個撞見閨密男友在偷吃的朋友，我應該會留下證據，有清晰的照片，或是確切的證明，在適當的時機給她看，或者輕輕帶過提醒，畢竟別人多少年的感情，不是旁人三言兩語就能介入的，即使是親人也不能隨意去批判。

這些年總有人會問我感情的問題，不管是失戀還是失婚，我都會告訴她：「戀愛之前你很好，戀愛之後的挫折會讓你不甘心，但感情再不甘心，再不放手，都不能挽回一個不愛的靈魂。過去他再愛你，再寵你，都已經過去。如果他不願意回頭，你的等待沒有任何意義。」

有句話說：「不管幾歲，都適合追逐夢想。」

我想同理：「不管失戀受傷幾次，你都可以從十九層地獄爬出來，只要你願意，就會有遇見下一個戀愛的可能。」

留給傷心的人一個體面，傷心人會走出來，
你擺渡一個情感受傷的靈魂，就爲自己鋪造一個好緣分。

當你勇敢了，那些年的創疤就不痛了

〇〇：「過去都待在女校，歷經勾心鬥角的五年生活，畢業幾年後總算日漸走出陰霾，但偶爾午夜夢迴，還是感到痛苦，可以給建議嗎？」

我說：「不快樂的經歷除需封存外，你更需理解當時的自己。」

還記得中學時，最流行的偶像是香港四大天王，但在男同學間也相傳著各班級自己的四大天王——中二的國三生票選每一個班級最醜、成績最差的女生，尊稱爲天王，天王所到之處人人避之唯恐不及，並常常夾雜不堪的言語羞辱。

剛不巧，我身邊就有一個天王。不過這天王一點都不好惹，常常把這群男生嚇到躲廁所，也常追著男同學到處跑，既然你們討厭我，我就用這一點來嚇你。不過其他人就沒那麼勇敢，背負著同學的訕笑跟欺負，敢怒不敢言。

▲泰國 北碧 Thailand Kanchanaburi ▼埃及 西奈半島 Egypt Sinai

當時心想，如果我是最醜天王其中之一，日子該怎麼過？光想到上學時經過同學時如雷電般嫌棄的眼光，還要不時被罵醜女、智障，絕對會不想上學或想轉學，夜晚埋怨母親爲什麼要把我生得這麼醜，智商這麼低，爲什麼自己要來到這個世上？

到底如何才能擺脫這個世界的惡意？

後來畢業後，在某一次中學的聚會上，聽到班上某一個曾經到處欺負人的男同學因車禍去世，在場的人都感到震驚與悲傷，我眼神望向另一邊，曾經被他欺負到想自殺的女同學，她臉部表情流露出難以言喻的複雜，我問她：「你還好嗎？」她點點頭。

事後回到家，她傳了訊息給我：「以前我拚命詛咒他死，因爲他讓我痛苦到無法呼吸，家人都無法理解我，只覺得我的想法很灰暗，也罵我不成材。畢業後仍然無法放下，我認爲這一生都不會原諒這個人。然而聽聞他的死訊後，我並不感到快樂，而且好像找不到一個理由去恨死去的人了。」

你曾恨一個人，恨到希望他去死嗎？

你曾想透過毀了一個人，然後滿足自己受傷的靈魂嗎？

我想，每個人或多或少都做過這樣的夢吧！只是醒來之後，理智會告訴自己，離開、忘掉那個人就好。原來不堪的回憶底下，都包藏著膽小瘦弱的自己。

輾轉，女同學結婚也有了孩子，我問她：「還難受以前的事嗎？」她搖搖頭說：「那人做過什麼我都忘得一乾二淨了，連長相都記不起來了！只不過可惜年紀輕輕就去世了，他媽媽應該很傷心吧！」

走出青春期所經歷的噩夢，除了靠時間封存記憶外，另外就是**尋找讓你過好自己人生的勇氣**。

多理解當時的自己，

多理解那時候的惡霸同學，

世界有再多的惡意，當你勇敢了，

很多恐懼，就可以放下了。

Chapter 4

持續轉念力量 感恩 知足

智利 納塔萊斯港 Chile Puerto Natales

你真好，有錢去旅行！

〇〇：「你真好，有錢去旅行。」

我回：「有錢去旅行，真的比較好。」

旅途在外，什麼意外都不奇怪，畢竟人生地不熟，語言也不通，迷路是正常，碰壁是偶爾，吃虧更是家常便飯。

只是，遇到磨難過不去的坎往往是因為沒有安全感，也忘記凡事有退路。退路是，人的口袋有錢，即使現在沒有，以後也會有。

還記得，二〇一七年在約旦的瓦狄倫沙漠旅行，我為了省五百元台幣左右的住宿，差點把自己半夜丟包在冷死人不償命的沙漠中，倘若那時候沙漠旅館的人沒來接我，沙漠裡面的警察袖手旁觀，那就真的客死異鄉。

事後回想，為了節省五百台幣住宿置自己生死不顧也太不值得，只是當時辭職窮遊的我，對於金錢充滿匱乏感，莫名堅持吃路邊攤、住青年旅館、搭巴士跟走路。當旅途變成為了省而省，也落入窮遊的框架中。

最終，旅途上帳面數字是漂亮的，吸睛標題「八萬環遊歐洲兩個月」引起轟動，但真讓我再重來一次，還是希望能有足夠的資金去完成想要的旅途。

多年背包旅行，讓人誤會我的興趣是窮遊，答案是「否」，因為離職旅行，戶頭沒有進帳，信用卡帳單一直寄來，你會很迷惘「任性」能維持多久，那是衡量下的方法跟選擇。

幾年過去，窮遊的經歷也給了我不錯的回饋，與其持續坐吃山空，不如利用善於規劃旅遊的專長賺錢，相信旅行不只是吃喝玩樂，也是一種 Know How，於是成為了一種事業。

現在於旅途中最常安慰自己的話就是：

「錢能解決的問題，就不是大問題，錢不能解決的問題，時間肯定能解決，錢跟時間都不能解決，肯定不是我的問題，既然不是我的問題，那就不需要去解決。」

旅途總是會有意外，包括被偷、掉東西，以及簽證被刁難，偶爾還要凌晨半夜在異鄉找住宿。

每個意外的當下都是難以接受，不過幾分鐘後，我就會告訴自己：那不就是幾百塊、幾千塊、幾萬塊的事。當把問題轉換成可以損失的金額，對應自己可以承擔的範圍，深呼吸一下，也就沒有覺得很痛苦。然後偶爾翻一下銀行戶頭的餘額，心想：「太好了，還有錢去旅行。」

羅馬尼亞 布拉索夫 Romania Brasov

法國 亞維農 France Avignon

以前我最討厭別人跟我說：「你眞好，有錢去旅行。」

現在，我覺得，有錢去旅行，眞的很好，能用錢解決問題，更好。

與其羨慕別人有錢，花錢，不如就存錢，找方法花錢，錢會在旅途中變成美好的記憶，以及關鍵時刻的救命稻草。

選擇你想要的人生，讓他變成喜歡的樣子

○○：「你不會擔心將來沒足夠的錢生活？」

我：「你知道自己將來想過成什麼樣子，才是最重要的。」

多年來，我最常被詢問的問題是：「你旅行的錢從哪裡來？」卻很少人問我：「爲什麼一直堅持去旅行？」

或許多數人在意的都是最表層的生存問題，反而極少在意精神層面的堅持，當你的堅持與他人反其道而行時，也會被渲染成妖魔鬼怪。

多年前我不太用「全職旅者」自稱，那感覺把旅行變成了職業，實際上我也沒有靠出門旅行賺錢，幾乎都是從自己口袋掏錢去執行旅程計畫。

中國 西藏 China Tibet

亞美尼亞 霍爾維拉普 Armenia Holvilap

沒有很多的錢旅行，就用方法省錢

我的旅行省錢法寶大概可以寫成十萬字小說，包括如何搜尋最便宜機票、找到划算的住宿、參加免費當地的旅遊行程、算準博物館免費開放時間，以及利用各種網站、超市、活動促銷省下一筆又一筆的錢。

透過十年間一次又一次的出發，實際操作並體驗反饋，得出的心得是：「旅行時，旅人要的眞的不多，解決兩餐跟一晚住宿就是最大的難題。」

數十年的背包旅行就是貫徹減法人生，

你能帶走的是經歷，不能帶走的是時間，

你能擁有的是現在，不能擁有趁早放棄。

曾經，旅途中我也很後悔，爲什麼到了某一個地方，卻錯過當地最重要的風景，明明近在咫尺，卻只能錯過。

後來，我慢慢釋懷，那些未達的缺憾，才是旅程最好的記憶，世界上不存在完美的人生，跌跌撞撞才是眞實，學會不執著，才能放手往下一站前進。

人生沒有很複雜，看你怎麼選擇

偶爾我會在一些粉絲身上看到我年輕時的影子，感覺做什麼都錯，怎麼活著都艱難，迷惘到放棄接續的人生。我都會鼓勵他們踏出框架去走走，最好是一趟旅行，最好只有你一個人，最好是陌生的國度，最好只有一個背包。

不要擔心錢準備不夠，但記得要帶一張信用卡，隨時都有飛回家的後路。

不要擔心語言不通，但記得一定要開口溝通，比手畫腳也可以。

不要擔心家人反對，但記得隨時遠端連線，讓他們知道你很安全。

不要擔心生病被偷，但記得一定要有旅遊保險，發生時你會感到安心。

慢慢你會在旅途中遇到一些人，從不同人身上看見自己喜歡的模樣，那些樣子會驅使你往前走，不再拘泥過去的傷痛。

日子，就是不斷的嘗試，崩潰，然後迎接美好；生活，就是往自己喜歡的方向前進，即使大風大雨，也明白那是經過。有可以出發的積蓄，也有方法在世界生存，明白你想要的模樣，不用很多錢也可以辦到。

很慶幸，我正在這條路上。

面對世界的惡意，要學會拒絕，不是只有閃避

○○：「最近在網路上寫的文章被曲解，讓人萌生退意。」

我：「面對陌生的惡意，你要學會拒絕，不只是閃避。」

美國 亞利桑那州 大峽谷 U.S. Grand Canyon

A是一個很喜歡寫作的女孩，常常會在網路上發表自己的心情與觀點，沒想到近日被一個陌生網友不時留言汙衊，篇篇按下怒的表情。她不知道爲何得罪了這個過路客，直言回：「你若不喜歡，可以取消追蹤，不需要一直來亂。」對方則回：「這是我的言論自由，你敢寫，就不敢收到批評嗎？」

一連好幾天，不同的陌生帳號都留下了相似的文字，A問我：「你之前寫文章也有遇到類似的狀況嗎？我眞的好氣好無奈，但又不知道該怎麼辦。」

這讓我想起十年前打工度假回國的頭幾年，我在某個旅遊論壇發表了將近四五十篇文章，寫的是面對屆臨三十歲的職場與感情困惑，與背包出走之間撞擊的人生火花，以及在旅途中所見所聞。

寫的是我的故事，卻踩了少數激進派讀者的內心紅線，文章底下留言前幾篇都是炸雷。「家裡有錢眞好」、「這作者眞不食人間煙火」、「拋棄家人出走大不孝」，甚至很多關於女性的歧視字眼，每每看的當下，宛若一把鋒利的刀刺在心尖上，同一個帳號篇篇都留，句句針對，心想：「這人跟我是有深仇大恨嗎？」

好幾次想停筆，卻又覺得爲什麼要爲了少數人的網路惡意把自己隱藏起來，也有很多溫柔安慰的聲音告訴我：「謝謝你的文章，讓我有了勇敢出走的勇氣。」越發明白，你不可能討好全世界的讀者，更不可能阻止討厭的人出現。

爾後出書，迎來的批評指教更是波濤洶湧，有人在評論區寫下：「這本書不好看。」也有人說：「花了幾百塊買了一本廢書，裡面都是廢話。」也收過訊息說：「你這本書跟我想的不一樣，我可以退款嗎？」

經營粉專，不管你說什麼寫什麼，討厭你的人，總是會有千百個理由，看你不順眼的人，隨便一句話都能雞蛋裡挑骨頭，幾年前我真的厭倦公開寫作，不能在明處，仍會受到暗箭所傷，驗證一句話：「人在江湖飄，哪有不挨刀。」

後來我區分兩個領域，粉專跟個人帳號一是私領域，論壇跟合作專欄一是公領域。公領域的留言，一概都不回應跟不反駁，再好的謬讚我內心收下，再壞的評論我抿嘴一笑。私領域的留言就當是自家花園，善意的批評我虛心接受，溫暖的誇譽我樂於接受，惡意的評論我一律逐出家門。

不要爲了幾句惡言，到處討拍讓人爲你出氣，
不要爲了幾句稱讚，把自己捧上了天堂，
不要爲了討好粉絲，寫著一堆違心之論，
不要爲了討厭的人，把自己也變得討厭。

瑞士 策馬特 Switzerland Zermatt

真的不行就離家出走吧！

○○：「家人給我很大的壓力，還會怒罵三字經，我該怎麼辦？」

我說：「壓力鍋裡，愛會變質，你必須離開那裡，請先學著愛自己。」

曾經我的世界也是充滿著各種無解的壓力，最大的壓力還是來自家人的不諒解與無法溝通，彷彿你說的每一句都是錯的，他們認爲的才是對的，你反駁的每一句都是不孝，他怒罵你的每一句都是應得。

是，家家有本難念的經。

常會想，爲什麼自己被分配到最難的那一本，於是開始比較。

想著某個同學家裡出生富貴，完全不用擔心養家活口，畢業之後就可以在家工作，不用看人臉色吃飯，好羨慕同學生來就是溫室裡的花朵，渴了就有傭人馬上遞上一杯溫水，自己卻還不知道未來該怎麼走。

想著某個同學畢業之後就到國外念書，家人給上一大筆錢讓他出國深造，回來之後則給予他無比的空間，還有買好的車子房子，讓他毫無後顧之憂。

想著想著，眼淚就流了下來，一整個不甘心，對生活感到絕望跟無能為力，自己彷彿活壓在五指山下，靈魂跟身體都動彈不得，想做什麼都必須勸自己放棄，回到家更感受不到溫暖的支柱。

不過世界本來就不是只有黑與白，家人也不是永遠無法溝通，只是剛好所有人的情緒都到了指尖之處，容不下一絲寬容與諒解，只是剛好所有的憤怒就只能對身邊的人發洩，彼此之間的鴻溝越發越深。

你說，他對你吼三字經，讓你極度憤怒跟失望，卻不知道該怎麼反擊。

的確，即使是最親的人，我們也無法接受歇斯底里的情緒。

我說，請離開那裡，不要獨自默默承受情緒，沒有人能因為血親關係勒索你，你也不要因為養育把自己活得低微下賤。

家，原本就不講理，也不談愛，

有時風平浪靜，有時滔天大浪，

人活著，是從這裡長大，

別活著，只束縛在這裡。

眞的待不下去，無法解決劍拔弩張的糾葛，就短暫選擇離家出走一陣子，

沒有人必須從誰的角度諒解過去，而你需要先原諒自己。

離開，不是一輩子，

只是讓彼此冷靜，不再互相傷害而已。

奧地利 哈修塔特 Austria Hallstatt

葡萄牙 波多 Portugal Porto

季節性憂鬱躁鬱，請溫柔善待自己

〇〇：「為何某一個時間點就會陷入憂鬱？好像被吸進黑洞一樣，該怎麼逃離這種負面情緒裡？」

我：「或許，就只是患了季節性的憂鬱躁鬱。」

一年總有幾個月份，特別容易倦怠跟不安，無由地突然想大哭，持續感到悲傷難耐，某些平常睜一隻眼閉一隻眼的小事，突然就感到抓狂，無法忍受。不停的焦慮，想擺脫眼前的自己，平常感興趣的人事物通通變得無聊至極，推掉所有安排好的聚會，突發性的社交恐懼，想徹底消失在眾人面前。

十幾歲時，我把情緒失調怪罪給親人，有幾次曾想割腕，卻又害怕到不敢結束生命，也無法跟人分享陷入情緒黑洞時出不來的感受。

二十幾歲時，另一半不懂為何我突然就悲傷了起來，我也把情緒失調歸咎在他不夠愛我身上，他認為我總是小題大作，而我感覺委屈到比死了還難受。

三十幾歲時，以為逃到國外身心靈就會獲得自由，以為獨自旅行就不用負擔兩個人以上劍拔弩張的情緒，但偶爾我還是想哭，不知道是因為孤獨，還是路途奔波太操勞，還是天生情感的缺憾，覺得這樣的自己好沒用。

四十幾歲時，才明白某些人在季節轉換期間會產生季節性情緒障礙，跟情商沒有關係，和智商也無關。某些敏感性的內向人隨著時序進入秋冬後，不同個人體質，產生不同感知地震，當我越發了解自己，明白此時內在已颳起滔天巨浪，我只需要靜靜的等待暴風雨離去。

季節性憂鬱躁鬱SAD是一種心理疾病，根據調查數據，在北歐國家每六人當中就有一人有，SAD顧名思義是難過的意思，而這個病名的組成，剛好是Seasonal Affective Disorde，會有嗜睡、暴飲暴食、體重增加、社交退縮等特定症狀，而二十至三十歲之間成年人為主要族群，女性又是季節性憂鬱的大宗。

無來由的情緒瞬間崩塌不是你的錯，想消失到一個沒有人認識的國度也不是你的

瑞士 藍湖 Switzerland Blausee

問題，什麼都不想做不是失去上進心，你不需要得到全世界的理解跟諒解，別人可以不懂你，但你不能不懂自己。

現在遇到季節性憂鬱，我都會輕聲溫柔地告訴自己：

「現在的你，很不好，一切都很糟糕。

拜託，**不需要故作堅強，也不要裝作勇敢，**

坦承自己需要時間，空間，燭光，食物跟一些能說垃圾話的朋友，

眼淚流乾之後，逐漸就會好起來了。」

然後再溫柔對空氣說：

「那些該死的王八蛋臭雞蛋死混蛋，都會下地獄的！阿門！」

睡完一覺，哭完，吃完高熱量的鹹酥雞，一切都沒事了。

四十歲，能有講垃圾話的酒肉朋友，真心歡欣

○○：「過了某一個年紀，就好像沒有了朋友。」

我說：「這不是很正常嗎？」

對我來說，三十歲是一個分水嶺，身邊一個又一個朋友跨越了婚姻這條線，說好的每月一聚，每週一聚，聚到後面只剩我在群組癡癡的等，總是會有人丟出「對不起，孩子發燒了。」「對不起，要回婆家。」「對不起，家裡有事。」好似全世界都有忙碌的藉口，只有你沒有，隨著一次又一次聚餐的流標，慢慢也逼自己不執著去守護過時的友情。

熟齡單身，最大的優點就是時間多，下了班之後不需要應付誰，不需要理會誰，想追劇就追劇，想按摩就按摩，想閱讀就看書，想刷短影音就刷到底，日子過得廢，

義大利 波扎諾 Italy Bozzano

馬爾他 馬爾薩什洛克 Malta Marsaxlokk

也不會有人唸你，畢竟唸你也不見得會聽進去。

熟齡單身，最大的缺點就是朋友少，懶得再去多認識新的朋友，懶得再多混幾個社團，懶得看一堆人吵來吵去，知根知底自個脾氣不好，就不要到處惹事生非，待在家也是很好。

熟齡單身，最大的優勢是不在意，不在意三姑六婆怎麼說你，也不在意同事私下碎言碎語，在還沒有足夠資本退休前，到哪都躲不了人言是非的江湖。帶上人和的面具，親切的笑容，凡是退一步，海闊天空就可以。

熟齡單身，最大的缺點是不妥協，職場地獄來回翻滾了好幾次，被詐騙過、被誣賴過、被瘋子罵過、被小人捅過、被老闆誆過、被高中同學問要不要買保險過，不想再被這些人纏上搞得烏煙瘴氣，鳥日子真不好過。

後來，到了四十歲，依舊單身的一群人，在某些節日會自動自發聚集在一起，吃著垃圾食物，討論著買房、投資跟減肥，聊著最近流行的時事話題，或是Netflix有哪部劇非看不可，下一場旅行計畫。沒有人想討論婚姻、小孩跟教育，喧囂到凌晨各自累了就回家休息。

過了某個年紀，你不是沒有朋友，而是選擇性交朋友，

不糾結誰要陪你吃飯逛街，不擔心誰還沒嫁出去，不煩惱誰工作沒著落，

過了四十歲的單身，每個人最在意的，還是自己，

有沒有知心朋友，沒有關係，

能有幾個講垃圾話的酒肉朋友，真心歡欣。

沒有成為理想的大人，沒關係

○○：「你覺得單身女性四十歲後要面對的問題是？」

我說：「更年期、不想動、沒有熱情、父母進入衰老期，害怕接下來人生就進入停滯期。」

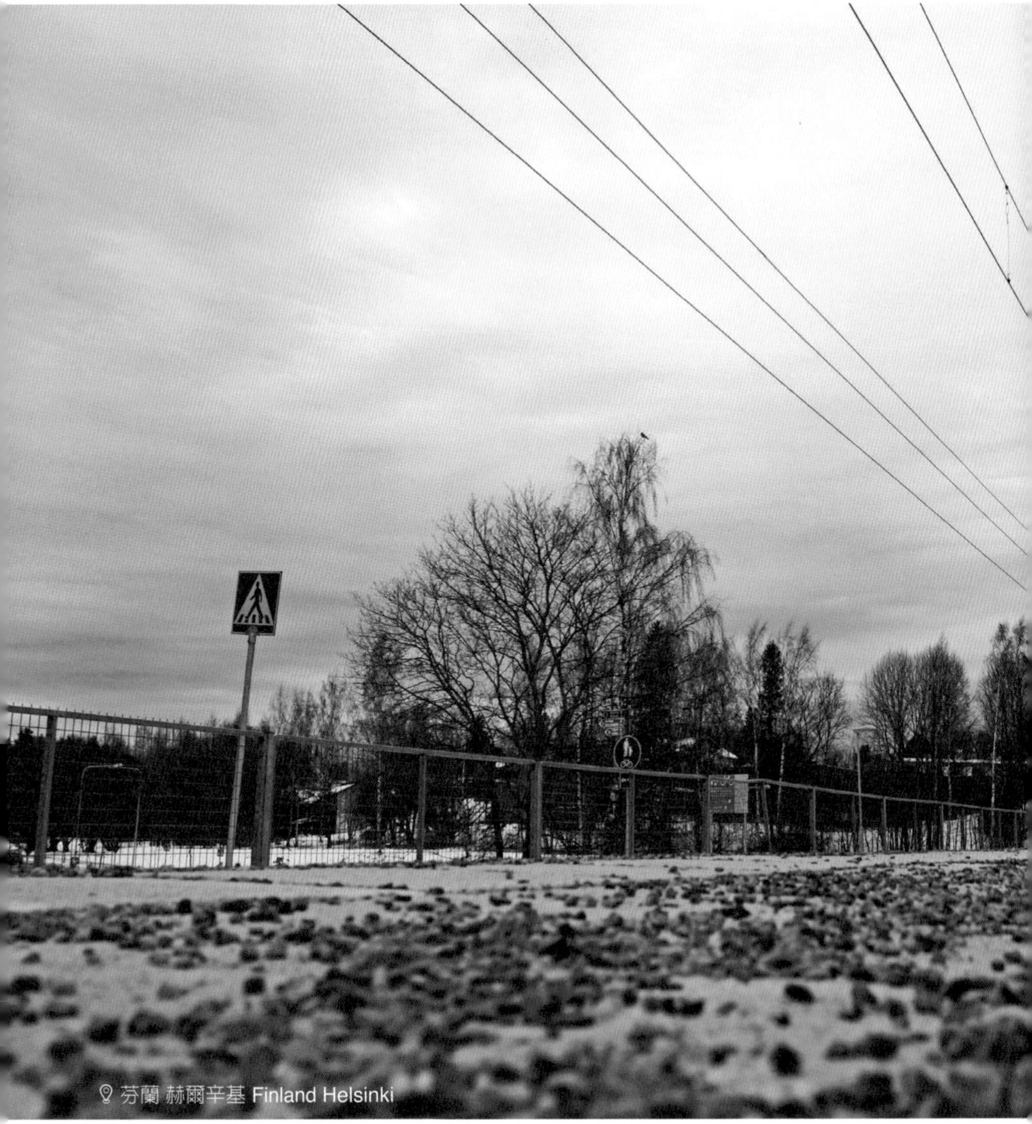

芬蘭 赫爾辛基 Finland Helsinki

如果把成長階段比喻成爬山，我認為四十歲就好比在山頂的Y字岔路口，你費盡千辛萬苦以為爬到生命的頂端，才發現下一段路才更加艱苦難行。

看著右邊往上的指標，仔細翻閱參考他人生命的登山記事本，瞭解比過去數十年還要艱困數百倍，除了道路崎嶇顛簸外，還可能讓你耗盡多年的糧食跟體力，一不小心就可能餓死或凍死在半路。左邊則是下坡路段，你幾乎篤定再過幾公里就能回到原本出發的村莊，攻略說絕大部分的登山者回到村莊後就再也不會出門，並過著幸福快樂又平淡的人生。

承認，四十歲的我沒勇氣再繼續往上爬了！無法能像年輕時有說走就走的衝動，做任何決定都免不了有後顧之憂，擔心的不只是戶頭裡的數字能否讓後半輩子安養天年，也無法承擔冒險後可能會一無所有的淒涼光景。

當然，四十歲的我也不太想往下走，已經可預知返程路上不會有什麼新鮮動人的風景，周遭都是同一群相識的人，不然就是同一批鬼打牆的人，遠方有永遠跨不過去的河流，以及你再也不想進入的迷霧森林，回到村莊後只想待在那裡，好聽一點叫做安居樂業，難聽就是等死而已。

突然想起，十幾歲時我告誡自己，千萬別把未來活得跟母親一樣枯燥乏味，只剩下賺錢養小孩跟照顧家庭。四十歲的我，單身，沒有小孩，但仍然感覺復刻她當年爲生活忙轉的模樣。現在的我，再看著六十多歲的她，哪裡都不想去，老是爲小錢斤斤計較，害怕病痛敲門，失去跟陌生人打交道的熱情，就像照時光穿梭鏡子般，彷彿那就是我以後的模樣。

兩條路都不想選的我，思考了好一陣子之後做了決定——選擇「做自己」……。

我告訴○○說，中年後人要面對的問題跟煩惱並不比青春時期少，但正因爲經歷得多，該痛苦、該快樂、該傷心的都承擔過，如果這個年紀還不能選擇自私點，就等同放棄人生下半場賽局。

好不容易爬到四十歲，那眞是辛苦你！如果預設下山回到村莊是五年，那中間剩下來的時間，可以不要照攻略走，也不要害怕最後變成你討厭的模樣，也不需要預設花多少時間走去哪裡，即使選擇哪裡都不去，都沒關係。

有想做的就去做，不想做的也沒關係，

你眞的年紀大到可以決定任何事，

不要再害怕沒有成爲理想的大人了！

◎ 馬來西亞 檳城 Malaysia Penang

職場最不能解決的，往往是猶豫不決的心意

○○：「老闆認為多做是應該，少做就該死，這樣的公司值得繼續嗎？」

我：「值不值得，心中有一把尺。人的努力最終應該回饋給自己。」

M看了某日我在粉專上的文章傳訊息給我，說看了特別有感觸，於是分享她在國外工作的窘境。她說即使過去在台灣有好幾年職場經驗，到了異鄉仍像社會新鮮人般戒慎恐懼，好不容易得到海外工作的機會，心想絕不能把眼前的飯碗砸破。

初來乍到的M滿懷著對新工作的期盼，心想能多做一點就多做一點，沒想到國外的老闆跟主管都覺得理所當然，把她多餘的付出當做應該，一個人多做好幾人份的工作，忍得自己遍體鱗傷，常常情緒低落無處發洩，思考這樣的狀況還要持續多久？倘若毅然決然回台灣，彷彿過去所有的努力都化為泡沫，讓她陷入無窮盡的沮喪輪迴。

繼續忍下去？亦或回台灣重新開始？

我告訴M，一切都往好處想，你才能好過些。正因爲你在國外孤立無援，更能清楚自己內在的眞實渴望。倘若內心有一道坎持續過不去，放棄也是一條可行的道路，海外工作有一個好處，沒有人逼你做任何決定，所以你也無法怪罪任何人。

在職場，千萬別有誰虧欠誰，或者「苦勞都是自己背，功勞都是誰拿走」的想法，因爲越想會越氣，越氣就會越悲觀，到最後腦子只剩下敲響「不如歸去」的念頭，但這並不是你眞正想要的答案。

改變現狀？亦或選另外一條路？

我告訴M，不能努力時就坦然放棄，也是一種勇氣。人到了某一個年紀，不再追求轟轟烈烈的成就事蹟，但求做任何決定都能無愧於心。人總會陷入突如其來的絕望，卻也能迎向雨過天晴的期望，職場選擇本來就沒有最好的答案，但求能無畏旁人華麗轉身的勇氣。

馬來西亞的H年過三十三，之前都在做咖啡相關的產業，這些年好不容易得到一份薪資相對穩定的工作，最近有想著到台灣來工作的念頭，卻被身邊一票朋友阻止，希望她能好好存錢之後再打算，她詢問我的意見。

我說人能任性一輩子，但不能將就一輩子；誰說不能追夢一輩子，難道要窩囊一輩子？你的人生，你自己考量利弊，旁人建議，參考著聽就好。

職場上，外國的月亮，眞的沒有比較圓，

大多時候你只能獨自承擔自己的選擇，

卡在語言、制度、簽證各種問題，

但凡能解決的問題，都不是大問題，

職場最不能解決的，往往是猶豫不決的心意。

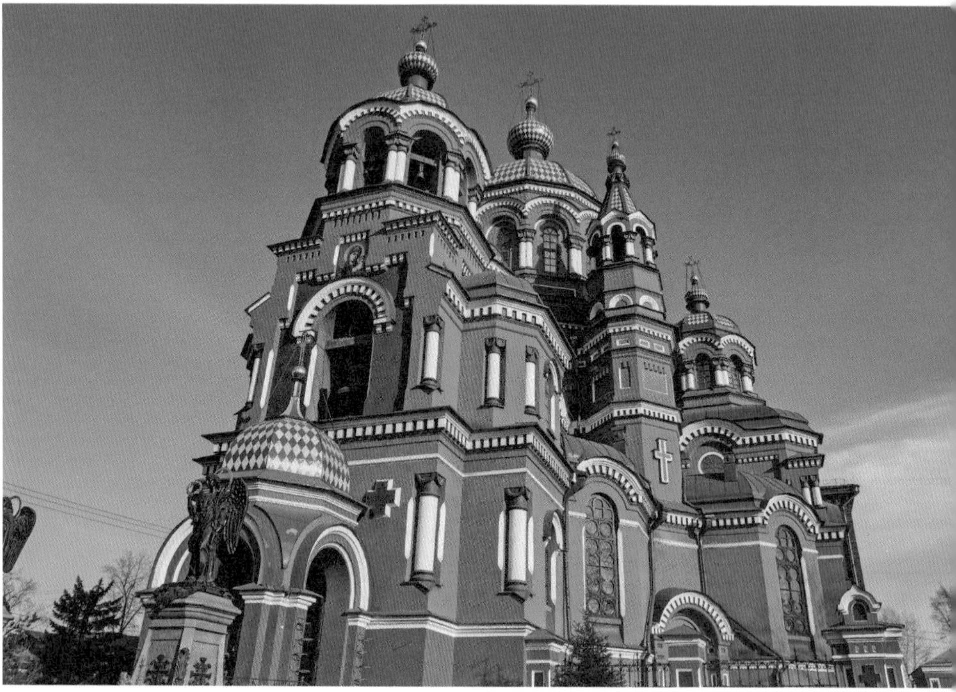

俄羅斯 伊爾庫茲克 Russia Irkutsk

法國 巴黎 France Paris

Chapter 5 熱情驅動未來 理解等待

日本 北海道 美唄 Japan Hokkaido Bibai

選擇遇見誰，人生就像開了多少扇門

一直以來我討厭過度社交，如果去夜店或是多數人聚會的場合，很習慣會選擇角落或牆壁旁，不停說服自己「快離開這無聊的場合」。到底還是緣起高敏感人內心深處的自卑感，寧可當蜉蝣微型生物喘活，也不想當一個出風頭的傢伙。

到底，爲什麼會成爲一位KOL？KOL網路翻譯是網路意見領袖，時下流行俗稱做「網紅」。三十歲之前我還是一個極度默默無聞上班族，寫著泰國連續劇的劇評，偶爾在部落格記錄生活跟旅遊。

伊朗大不里士坎多瓦 Iran Tabriz Kandovan

認眞想想，大概源於我對於眼前的人生極度失望跟感到無聊，明明才三十歲，靈魂卻已經老死，不想一輩子隨波逐流當個平庸之人，於是我制定一個百年旅行計畫。

剛好那時候是民國一百年，就想去台灣一百個景點，假日我安排各種出遊，偶爾出差時翹班去探索，大多都是一個人。朋友不解：「爲什麼不找人陪你一起。」但我明白倘若要完成這樣的計畫，就必須只有一個人。

獨自一人的好處是：你可以決定任何荒謬又荒唐的選擇。吃東西、住哪裡、往哪裡走，都不需要跟任何人商量。

後來，我也選擇一個人出國打工度假，不是因爲本身太勇敢，而是與其找一個拖油瓶毀了自己，不如一切從崩潰邊緣拯救回來。

語言不好，就是比手畫腳；出門迷路，就放棄之後的行程；當然我也會跟路上遇見的人結伴同行！

大多時候只要路上有人問我：要一起走嗎？我都會欣然同意說：Why not?

一開始對方問我，爲什麼出來長時間旅行？我就會搖頭說：「沒有爲什麼。」然後旅伴就會開始逕自把他的人生故事分享給我，包括試圖自殺、當第三者破壞別人婚姻、長期活在家庭暴力等等。

呃！內心意識到一絲很恐怖的感覺：爲何他們願意對一個陌生人坦誠？而我卻連自己都不願意坦誠？

心有千千結，人最怕連外面最小的結都不願意打開，於是我也開始試圖將過去不願意面對的課題，一次又一次在陌生人面前坦誠。

「其實你就沒有很愛他啊！」其中一個陌生人這樣告訴我。「你只是不甘願付出多年的青春，沒有任何回報而已。」

才明白感情上的挫折，不是因爲過去哪裡做了不好，而是不願意面對自己內心眞實的感受。

旅途每遇到一個人，就好像解開來一些結，而路上遇見的人，在離開後也告訴我同樣的感受，雖然每次相遇的時間很短暫，卻默默地支持彼此往後的人生。

後來，旅途上，如果有人問：「等等有空吃頓飯嗎？」只要我有空檔，通常都會說「好」，因爲人也是旅途中最美的風景。

不過我拒絕返家後私人邀約。大多數人都是有所求而來，甚至有人構成騷擾，或許有人不解，爲什麼你在旅途中都很開放，而回家後就不行。

答案是：「家是我的私領域，旅行是我的公領域。」

旅行，不一樣，路上的人，是移動的風景，相遇交錯在遠方，交換彼此人生故事，即使短暫，也能刻骨銘心。

伊朗 亞茲德 Iran Yazd

離職，能帶走的是經歷，並不是精神病

○○：「我只想安分做好工作，為何還是被人逼到絕境？」

我：「職場是你退一步，別人就把你逼到谷底；你安分守己，就認為你不求上進。」

讀者A從事園藝相關工作，因爲新冠肺炎疫情的關係，廠協被砍班，連帶負責澆水的工讀生請假好一陣子，後來新進同事也請公傷假。於是大量的工作只能平均分配在幾個人身上，老闆也只能請同仁忍耐諒解，相忍爲廠。

所以A自此身兼多職，常常被安排在入口處站著幫忙量體溫，然後又急忙趕回去做原本自己的、同仁的工作，她不是沒有怨言，只是心想這份工作也待很久，即使人力吃緊，只要這段時間撐過去就好了。

有一天，A突然因爲搬移物品時左腳扭傷、手肘三頭肌拉傷，手拇指也因爲出太大力而受傷，店長一看到就毫不留情的說：「是誰要你搬的？有人叫你這樣做的嗎？是你自己硬搬出力不當才受傷的吧？那就是你的問題！」

店長把所有問題歸咎在員工身上，A突然覺得萬念俱灰，這些年老實安分工作，然而公司無法保護好員工，自己卻老是賣命，頓時覺得：「這工作是我要的嗎？」

遂請離職後，得知那個請公傷假的新進員工常常在背後罵自己，而且還跟主管們互傳截圖，心想：「原來做最多事的人最是該死。」於是非常憤恨不平，明白在職場上不會巴結主管，不懂社交手腕，即使做得再多，也只是一枚隨時可以丟棄的棋子。

我告訴她：「這就是經歷！剛開始需要花一段時間才能走出來，因爲太不甘心自己被愚弄跟背棄。但到最後，不得不說，是這些人幫自己上了很重要的一堂課。」

職場原本就不是公平正義的地方，必須學會保護自己，才能盡心盡力。職場上所有的努力，回報的是薪資與職等，並不是仇恨與不甘心。離職之後，你能帶走的是經歷，並不是精神病！爲一群人傷心跟生氣，一下就可以，太久會變成憂鬱，躁鬱，變成病。

最後A說，教育都把學生教導得太良善，而現實的社會並不是如此，不過是弱肉強食！

我想告訴A說：「從校園進入職場，過程中的跌跌撞撞不是為了在未來找到一份更好的工作，而是把自己變得更好、更坦然、更釋懷。

人生從來不缺悲喜交加的意外，缺乏的是面對變故仍然會選擇微笑、善良的自己。」

有人說職場必須學會世故，我想人能調整脾氣，能調整心態，但某些事，還是不能輕易妥協。例如：不要成爲像他們一樣的人！

冰島 維克 Iceland Vik

願那些職場的不順遂，都只是經過

○○：「進到這份工作後，感覺自己特別格格不入，發現好像不是我要的，是否該選擇一個可以讓自己發揮成就感的舞台才是對的呢？」

我說：「有人可以選擇，有人則退無可退。你有退路嗎？」

剛進職場前幾年，見識各種奇葩人種，最討厭的同事有幾種：

第一種，離不了職：整天嚷嚷明年要離職，卻死活都離不了職的老屁股。

第二種，嫌東嫌西：經常抱怨公司制度薪資都不如別家，也都不見他準備跳槽。

第三種，表裡不一：老愛裝出一副古道熱腸，實際是城府極深的老狐狸，麻煩工作絕不沾手，黑鍋永遠別人揹，還都說是爲你好。

第四種，仗勢欺人：憑藉年歷過久、裙帶關係、誰的遠房親戚等，老是目中無人，排佔功勞永遠第一。

社會染缸待越久，心就會莫名的累，不時告誡自己：千萬別成爲職場米蟲，更不要變成跟他們一樣的珍奇異獸。同時也明白，不管換什麼公司，怪獸只會換了名字，並不會消失。

之後過了幾年，看職場四大惡人的眼光又換了角度，逐漸從討厭變成了理解，才發現當初自己是多幼稚跟不成熟。不是每個人一開始就懂如何混水摸魚，練就成金鋼不沾鍋的好本事，甩鍋不是針對誰，只是正常的躲避球物理反應。

對於職場某些人而言，工作成就感根本不重要，重要的是能準時下班接送小孩，領到薪水付房貸。他的確就是仗著人脈高你一等，不需要對誰感到抱歉，他所承擔的是你看不見的責任跟壓力。

剛進職場，的確很在意旁人如何看待你，同時期待有個能讓自己發揮實力的舞台。但你不可以要求別人都跟你一樣，所謂的幸福不見得非建立在工作上，你以爲惡人在阻擋你升遷，或許你只是無意中耽誤了他下班，就這樣結下樑子而已。

人生本來就是多選題，有人年輕時選擇了婚姻，年老時選擇了事業，也有人一輩

印尼 布羅莫火山 Indonesia Mount Bromo

希臘 聖多里尼 Greece Santorini

子都只做一種工作。也有人以打工爲生，職場對某些人來說只是生存的工具，無法具體說哪一種才是對的，但能選擇自己喜歡，便是幸福的。

倘若你能經歷幾個爛公司、壞同事、渣老闆，下次就會懂得珍惜視你爲千里馬的伯樂公司，但不管換多少間，願你離開就必須學會要放下，唯有自己變好、變強，薪水變多，才是實在。

每個人的肩膀上，都有大大小小不同的包袱與責任，每個人的內心裡，都有不願說不想講的惶恐與不安，

願那些人生的不順遂，都只是經過，

願那些谷底的經歷都只是讓我們通過，

正視自己，開始，學會，選擇自己想要的生活。

不想三十歲就死了，到八十歲才埋葬

○○：「哪天你不做網紅、作家，那你未來要怎麼養活自己呢？」

我說：「沒想過幾歲要退休，存多少錢才夠？也從不害怕被人發現落魄的模樣。」

二十九歲那年，因爲年紀跟主管的頭銜，深深拉不下臉跟家人說想去國外打工度假。那時的我很害怕別人在背後議論自己，爲何放著正經工作不努力，跑去國外做沒出息的農場粗活？也擔心履歷會空白一年，回國銜接職場也將面臨各種質疑。

權衡離開的利弊得失，可能在我浪費一年的時光中，旁人已經多賺足房屋頭期款，還會被衆人貼上不耐用、逃避的標籤！我總是告訴自己：「醒醒吧！別說你只是爲了那可笑的夢想！」但最終還是選擇了出發。

獨自到國外打工度假的我，第一份工作是農場草莓摘採、包裝工，那時常有一種「爲什麼我會在這裡？」「難道採草莓就是你可笑的夢想嗎？」的內在質疑，比起二十幾歲畢業就選擇來此體驗生活的年輕人，更難適應眼前粗重的勞力活。

但眼前只有兩條路，堅持可笑的夢想，或買機票打包回家。最後我選擇前者，繼續未知的旅程，即使全世界都不看好我，我也必須看好自己。

三十四歲那年，我因爲同事自殺而毅然決然選擇離職旅行，也沒打算回原本職場繼續，同事覺得我發瘋了，爲何爲了一件憾事斷絕多年累積的經歷？

的確沒有人說我錯，同事的自殺跟我沒有直接關係，但是批准他離職的人是我，沒有察覺他有自殺念頭的也是我，作爲一位主管、同事跟朋友，我都沒有辦法原諒自己。

法國 史特拉斯堡 France Strasbourg

那時只有一條路，就是找到方法救贖自我，再繼續人生這段未完的旅程，不然這輩子都將活在罪惡中。對，我就是眞的無法原諒自己。

四十歲這年，我跑去當了兼職外送員，身邊的人充滿不解與疑惑，你不缺錢，也不缺工作，更不缺夢想，難道這又是業配工作？

事實上，此時剛好碰到寫作的瓶頸期，並非缺乏靈感跟寫作題材，每當專心寫作時，腦子就出現了迷霧白牆，將原本累積想法跟章節全攪混在一起，即使拚命往當初設定的方向去，卻越感到孤獨與不安，好像得了寫不下去的病！

跟出版社編輯聊過後，她告訴我許多作者都會在寫作期間遇到撞牆期，畢竟作者本身的故事也只有一款，無法憑空捏造其他感受。最後編輯親切的說眞的寫不下去，就不要硬寫。直到有天長期合作的公關窗口問：「你要當外送員嗎？」他們需要實際跑的心得分享！我一口答應說：「我要！我很需要。」

我並不是需要「賺錢」才去做外送員！是需要「脫離」被困住的靈魂，去做一件自己從未做過的體驗，才能取代卡住的窘境。

我認爲一個好手好腳的成年人要養活自己不難，最困難的是你把自己設限在同一框架中，做你不喜歡的工作，愛你不喜歡的人，麻痺自己去接受已經死掉的未來。

有句名言敘述：「很多人是三十歲就死了，等到八十歲才埋葬。」才明白，多年來我已習慣各類型異樣的眼光。畢竟我常做著旁人意想不到舉動，去莫名其妙的國家旅行，結交一堆三教九流的同伴，談著天方夜譚的夢想。

這個世界上沒有不辛苦的工作，當職場員工很辛苦、成爲作家創作文字很辛苦，當背包客環遊世界很辛苦，成爲網紅經營自媒體很辛苦，當外送員也很辛苦。

當外送員第一天，其中送某一單，對方在備註欄註明：「可以幫我順便買冰塊嗎？」我沒想太多就回：「好啊！」然後我多送了她一條巧克力，她很親切的跟我說「謝謝」。

的確，生命辛苦的事很多，但溫暖的互動也很多，**落魄是一種模樣，閃耀也是，**起起伏伏才會交織出有血有淚的靈魂，而不是行屍走肉的人生。

六個中年理想的生活的條件：只要不是等死就好

○○：「你認為理想的中年後生活是什麼模樣？」

我說：「心跳有用力活著的感受。」

時光荏苒，白髮就從黑髮中不自覺的蹦跳出來，以前會想拚命的遮掩，拒絕接受，如今已經學會坦然。身爲單身、未婚、宅在家的大齡女子，理想的四十歲大概是什麼模樣呢？我列出了六項：

1. 簡單社交生活

以自己爲主題發展健全身心的社交體系，也就是直覺式社交方針，不介意跟陌生

伊朗 伊斯法罕 Iran Isfahan

人聊天，發展關係，但不要投射過多情感跟劇場在不重要的人身上，分享生活卻不提供過多建議，學會傾聽卻不是垃圾桶的角色。

拒絕過多無效的花邊社交，或帶給自己負擔的人際關係，不需要把他人的情緒架在自己身上，適時淘汰一些不合宜的厭世關係。

2. 生存與生活分開

學會把工作的快樂與憤怒都留在某一個時區，那不能代表人生的全部，下了班後是生活，需要營造生活的儀式感，例如閱讀、健身、追劇等等，生活的情趣可以一成不變，追求舒適爲上。

不要逼自己刻意去學習，刻意去討好，刻意去改變，最終都會反噬情緒到失望，生存不應該抱持太大期望，尤其把賭注押在別人身上，把得失心收起來放在盒子裡，你喜歡的，不一定要全世界都喜歡。

3.專注地做一件事情

過了某個年紀，無法熬夜、沒有力氣、做什麼都無力，甚至想放棄夢想，但沒關係，允許某個階段自己過得八成廢，睡到自然醒、什麼都不做、混水摸魚到底、完全沒有上進心，對！因爲這就是我的人生。

請留下兩成力氣去成爲你喜歡的那個人，不需要別人給任何意見，默默的獨自前行，就會過得怡然自得。

4.記得每天都要說「我愛你」

照鏡子刷牙的時候，在捷運等車的時候，仰頭望著天空的時候，想到自己好不容易過了四十幾，累積了一萬四千多個日子的成長經驗值，沒有人可以比你更了解自己，如果連你都不愛自己，到底誰要來愛你。

人活著都會有缺點，懶惰、花心、說謊、妒忌，不需要整天拿著放大鏡檢視，別當一個十全十美的人，那太辛苦了！我愛自己，出自於我懂我自己。

5.未來不値得你過度憂慮

從二十歲開始不知道爲什麼大家都很擔憂「老」了之後怎麼辦?花老了就會凋零,花謝,變成土壤的養分,人也是一樣。生老病死本就是一生的循環,與其擔心老病,那不如好好養生,死了之後人都是臭皮囊,葬在哪裡與你又有何干。

人需要安居,需要旅行,需要過得精采,都是眼前的事情。未來世界會變得怎麼樣,順其自然的心態會讓你毫不畏懼。

6.選擇想要過的生活

人生的道路是多選題,而且每一個階段都有不同試題,選擇是最重要的,才會讓你心甘情願的奮力往前,不需要滿分生活,但需要甘之如飴。

安逸久了,就該選擇跳出來走坎坷的路。顚簸久了,就選擇找某一個地方休息。天下無不散的筵席,人事物都一樣,只要自己選擇的,都會是最好的。

餘生,即使最後只剩一個人,也要請多指教。

預想未來一個人過活，沒有你想的這麼寂寞

○○：「年老之後獨活，難道你不會害怕寂寞嗎？」

我說：「獨自死去不可怕，可怕的是人連獨立老去的能力都沒有。」

對於一位年過四十歲、單身、目前沒有任何交往對象的女性來說，倘若沒有想要改變現狀，相信再過二十年，有很大比例會維持跟現在相同的狀態——繼續單身。

有人會問我：「好男人都死光了嗎？」

我立馬搖頭，並說相信世上有著無數稀有善良並優秀的男人們，他們活在另一個平行時空，本人暫無衝動、也沒有期待去接觸，同時明白本身劣根性是多麼難溝通相處。

我不想改變對方，也不想改變自己，更不想對方為了我改變他自己

如果戀愛是場化學作用，那麼過了某個年紀，我的手上隨時備有理智牌滅火器，能在心動的瞬間立馬撲滅愛火滋長，以防未來某一天會被某個嬰兒的哭鬧聲吵醒。

對，過了三十五歲後，我就沒有生子的期望，更沒有養育下一代的渴望，如果哪天夢到突然懷孕，這絕對是場驚天動地的噩夢。我無法接受接下來數十年綁在某個孩子身上把屎把尿，還要擔心他上國中之後會不會被霸凌，甚至得準備一筆錢讓他結婚生子，延續他老媽的路途。

所以當身邊的親友都在為我的將來感到悲哀時，我心中都會OS：「請收起你虛假的同情心，老了沒有另一半陪，死了沒有小孩送終，並非沒有替代方案好嗎？」

我曾想過在七十歲這年選間環境優美、設備齊全的療養院，找個理財顧問做年老信託基金，並認真挑選評價良好且公開透明的禮儀社，用最簡單隆重的方式跟在世的親友告別，簽訂好生前契約，並找好律師認證。

不過看到自個爸媽七十歲左右身體仍然硬朗，母親仍可以下田種菜，父親仍到處遊山玩水，我便默默的把計畫改成八十。

「沒有另一半、沒有自己的孩子。」對我來說眞的沒什麼大不了，理解有一定年紀後子宮就會衰老，停止運作，也不想逆天改命去保留下一代。

活到二十歲後，父母的養成任務已經結束，每個人都該選擇自己想過什麼樣的生活，想戀愛，就去戀愛，想結婚，就去結婚，想生孩子，就試著去生，不管用什麼方法，就是去做就對了，反正最後都會後悔。

活到四十歲，父母能健在是種幸福，我的身分逐漸要從被照顧對象轉變成爲照顧者，並學會面對生離死別的痛苦，當任何人死去時，都要學著有獨自活下去的能力。

老爸有天跟我說：「哪天我老到不能走動，幫我選個可靠有能力的看護。」

我心想：「他或許也不太相信自己女兒能照顧好他吧！」

將來，我準備好一個人過日子，就像獨自去旅行一樣，找吃的、找住的、找玩的、找機票，我都可以自己來，面對死亡我也要有同樣的勇氣。

不要羨慕別人活得是一家人，沒有「我們」，還有「我」就足夠，

一個人過老沒有不好，自己決定好，就好。

紐西蘭 懷海基島 New Zealand Waiheke Island

北馬其頓 奧赫里德湖 North Macedonia Lake Ohrid

旅行可以是一輩子，也可以是一時

A是我在旅行途中認識的女孩，她才剛旅行莫約半個月，就已經煩惱一年後要回家的困擾，她說：「雪兒，難道你不會想要一直旅行下去？」

我搖搖頭說：「不會。」

事後想想，大概就是年紀跟經歷的差別，同時也是口袋深度的差別。

三十歲，第一次出國打工度假，出發前是累積多年壯士斷腕的決心，抵達後就像出脫牢籠的雛鳥，除了學習恣意飛翔外，也害怕回到牢籠後會身不由己。

我跟Ａ一樣害怕回去面對現實，現實就是「你除了玩了一年外，其他都一無所有」，而同時間身邊朋友都默默在職場跟人生的路上大躍進。

打工度假末期我認清自己並不想待在國外定居生活，尤其是紐西蘭或澳洲，那裡薪水福利好，同時也好山好水好無聊。

再返回台灣職場工作，當了幾年整日抱怨的社畜，發現我還是想追求自由的旅行，而且極度厭倦朝九晚五被綁住，期間嘗試很多種方法，最後選擇成爲一名旅遊類自媒體工作者。

離職後，我花了三到五年的時間摸索這個新興行業，無論接案、演講、出版都一手包辦，四十歲，逐步掌握從流量中找到財富，並實踐一直去旅行的夢想。

但，過了某個年紀，也不再鐵齒「想要旅行到天長地久」的想法，尤其獨自長期旅行到某一個階段，眞的會非常厭世，突然會瘋狂想念家鄉的一切。我都說：「腦袋會騙你，神經會騙你，但胃不會。」胃總是在旅行一陣子後瘋狂告訴你：「好想吃麻辣鍋、客家菜、油雞飯……。」

加上年紀逐步增長，家中長輩老得也特別快，幾月不見，兩老的髮間都已斑白，不時聽到家族上一輩陸續有人離逝，也想多花點時間陪伴他們。

而戶頭存款也給了我無限旅行的底氣，明白出國旅行、結束回家只要機票錢就可以解決。錢能解決旅途中九成八的問題，不只解決吃喝拉撒睡以及各種突發鳥事，更是清楚告訴你：**只要你想停，沒人能叫你繼續，而且隨時都可以再出發**。

ORDSCHE COMPAGNIEBRUG

▲法國 格拉斯 France Grasse ▶荷蘭 阿姆斯特丹 Netherlands Amsterdam

年少時，只想爲自己去旅行，
一定年紀，就會想帶著家人旅行，
然後心想：或許哪天他們不在，
我就可能又回到一個人。
人要珍惜當浮萍時，有人拉著根，
同時別忘了把浮葉養育越發茁壯，
即使漂流到世界各地，也能承載故鄉的重量。

—後記—

理想的四十歲生活該是什麼模樣？

過完一個人的聖誕節，緊接又要過一個人生日，過了某個年紀，已然沒有節日孤單焦慮症。習慣情人節沒情人，過年沒緊鑼密鼓的拜年，不期不待沒有傷害，反正該熱鬧的，過去都有了，來去這麼多人還不是只剩單人床，過往該掀起滔天巨浪的流言蜚語，在人去樓散後，也只剩寂寥跟安靜。

身為八〇年的新宅世代，多年前自以為特立獨行跳脫框架，多年後才清楚同為反骨者眞不少。這年紀的我們拚命掙開上一代給的枷鎖，爾後才明白人活在哪個環境，就會遇到什麼樣的人、不適合的群居處，忍耐久了只會造成內在扭曲變形，在卑微意識養了一頭怪獸，把理想跟夢想吞噬殆盡。

慶幸，放逐一年的旅途中遇見自己，然後在三十四歲那年跳脫職場輪迴，走上了自媒體與作家路途，幾年經營下來尚能自給自足，偶然激起浪花，收入也不輸公司當主管薪水，已沒有人再問幾時要回去找工作？踏入了四十單身關卡，也沒有人再問幾時要結婚？當然，也沒人再問生日節慶要怎麼過。畢竟會問的，大概都是沒交情的，而不熟的，也差不多刪光了。

四十，到底跟以前有什麼差別？

身爲高敏感內向人的我，從小就有易碎玻璃心，奔波在長輩眼中找肯定，成長之路順著前方他人鋪好的道路走，即使有懷疑，也不敢找尋答案，就怕一個不小心就跌入了深淵，成爲人見人厭的壞孩子。

必須說，三十歲前我非常厭惡自己，不然也不會花一年多的旅程遠走天涯找自己，十多年前還不流行心理諮商，也不知道憂鬱可以醫。是途中善良的天使接住了我，他們說自己也有病，我不是異類，更不是唯一。

踏上孤獨的旅程，最後成爲獨立思考的人，反思過去解不開的，愛不到的，恨牙癢癢的，都只是歷程。原來，無知懦弱都沒有錯，只是四十歲前太在乎對與錯，怕走

愛沙尼亞 塔林 Estonia Tallinn

錯路就會一失足成千古恨。四十歲後，即使不清楚未來會變成怎樣，也能坦然面對失敗。

雪式坦然法：**價值觀養成，自行定義成功跟失敗，與他人無關。**

四十，到底跟五十有什麼差別？

由於我尚未踏入半百，只好詢問屆齡五十至六十友人，詢問差別到底在哪裡？有人說體力，有人說財力，大半已經沒人談情愛，或是職場瑣碎事。五十五歲的姐姐羨慕我周遊世界，她說：「你過著我現在嚮往的人生，只是我沒有勇氣像你跨出那一步。」心想，原來最大差別是勇氣。

四十後的理想生活應該是怎樣？

「四十不惑，仍然過得很疑惑」這句是上本《生活中，選擇留下合適舒服的人》

摘錄的文字，合作宣傳期間共辦了十一場新書實體分享會，每分享完書寫心情及人生經歷後，總有台下讀者迫不及待舉手發問，期盼我能解決他人疑惑。

你不怕終生孤獨嗎？我說孤獨是正常的。

你問該怎麼斷開親情的勒索？我說當你成爲獨立的個體。

你問怎麼離開錯的人？我說你必須坦誠面對錯誤。

有句名言「人生是10％發生在你身上的事，90％取決於你的反應」，就算我聽了你百種疑惑，最終取決你自身的反應，然而我在解釋他人困惑中，也逐漸找回遺失的熱情與光芒，也決定好人生中年的方向。

四十後，

我選擇好了，成爲待人溫暖卻不失優雅霸氣的人。

想做什麼，盡全力去做，想廢著不做，就窩在一方天地。

不待見不想見的人，即便最終活成一個人，也要瀟灑自得。

理想生活，不再成爲誰眼中的誰，自己人生，快樂悲傷，請負起全責。

一起，立志，成爲自己喜歡的那個人吧！

VU00173

立志把生活過成喜歡的樣子

作　　者—謝雪文（雪兒 Cher）
主　　編—林潔欣
企劃主任—王綾翊
封面設計—李佳隆
內頁設計—徐思文

第五編輯部總監—梁芳春
董 事 長—趙政岷
出 版 者—時報文化出版企業股份有限公司
108019 臺北市和平西路三段二四〇號三樓
發行專線—（02）2306-6842
讀者服務專線—0800-231-705・(02)2304-7103
讀者服務傳真—(02)2304-6858
郵撥—19344724　時報文化出版公司
信箱—10899 臺北華江橋郵局第99信箱
時報悅讀網—http://www.readingtimes.com.tw
法律顧問—理律法律事務所　陳長文律師、李念祖律師
印　　刷—勁達印刷股份有限公司
一版一刷—二〇二二年六月十七日
一版六刷—二〇二三年七月七日
定　　價—新臺幣三五〇元

時報文化出版公司成立於一九七五年，並於一九九九年股票上櫃公開發行，於二〇〇八年脫離中時集團非屬旺中，以「尊重智慧與創意的文化事業」為信念。

立志把生活過成喜歡的樣子 / 謝雪文 (雪兒 CHER) 圖 . 文 . -- 一版 . -- 臺北市 : 時報文化出版企業股份有限公司 , 2022.06
ISBN 978-626-335-482-1(平裝)
1.CST: 人生哲學 2.CST: 自我實現
191.9　　111007480

ISBN 978-626-335-482-1
Printed in Taiwan